# Alles steht in Gottes Hand

# Alles steht in Gottes Hand
## Mutmachgeschichten

*Zusammengestellt von Sabrina Finke*

Großdruck

**SCM** Collection

SCM

Stiftung Christliche Medien


Bodenborn 43 · 58452 Witten
Internet: www.scm-collection.de;
E-Mail: info@scm-collection.de

Umschlaggestaltung: Marion Lüchtenborg, Oldenburg
Titelbild: © Lulu Berlu - Fotolia.com
Satz: Christoph Möller, Hattingen
Druck und Bindung: CPI - Ebner & Spiegel, Ulm
Printed in Germany
ISBN 978-3-7893-9465-2
Bestell-Nr. 629.465

Inhalt

## Teil I: Rein pflanzlich



## Teil II: Kopf hoch!

**Teil III: Gestern so wie heute**



**Teil IV: Gottes Wege …**



**Teil V: … sind wunderbar**

# Teil I: Rein pflanzlich

*Martina Merckel-Braun*

## Ungebrochene Lebenskraft ...

Vor einiger Zeit fanden Archäologen in einem ägyptischen Grab ein Gefäß mit Weizenkörnern, das dem Verstorbenen für seine Reise ins Jenseits mitgegeben worden war. Die Entdeckung erregte das große Interesse einiger Biologen; sie baten darum, dass ihnen zu Forschungszwecken einige Weizenkörner überlassen würden. Sie wollten nämlich herausfinden, ob diese Weizenkörner – die schätzungsweise etwa 5000 Jahre alt waren – wohl noch lebendig, das heißt keimfähig seien. Ihre Bitte stieß auf Verständnis und sie erhielten die gewünschten Getreidekörner. Mit Spannung gingen sie ans Werk. Sie steckten die Weizenkörner in fruchtbaren Boden und sorgten für genügend Feuchtigkeit und die richtige Temperatur. Und tatsächlich – nach der üblichen, angemessenen Zeit trieben die Körner aus, und aus der Erde wuchsen kleine grüne Halme, die sich zu ganz normalen Weizenähren entwickelten.

Auch die verschiedenen Teile der Bibel sind sehr alt, manche fast 5000, manche „nur“ 2000 Jahre. Aber trotz dieses hohen Alters ist die Lebenskraft, die darin steckt, ungebrochen. In seinem Gleichnis vom vierfachen Ackerfeld setzt Jesus das Wort Gottes mit Saatgetreide gleich, das aufs Land gesät wird. Da, wo es auf guten Boden fällt, wo ein Mensch es mit gläubigem Herzen aufnimmt, entfaltet es seine lebensverändernde Wirkung.

*Wieland Schmid*

## Im Goldregen

Goldregen gibt es nicht nur im Märchen. Einmal im Jahr rieselt es golden von den Zweigen, raschelt es golden unter den Schuhen, überall, wohin man schaut, blitzt die Sonne im prachtvollen Gold der Blätter. So lange, bis die grauen Regenschauer dem Zauber ein Ende bereiten. Das ist dann anders als im Märchen. Also gilt es, die goldene Zeit zu nutzen. Wann sonst ergibt sich die Möglichkeit, sich mitten unter einen Goldregen zu stellen? Der Herbst bietet ja so manches, vorausgesetzt, wir nehmen uns etwas Zeit und öffnen nicht nur unsere Augen, sondern auch unser Herz.

Das Wasser des kleinen Parksees liegt still, ohne jede Bewegung. Ein zarter Dunstschleier schwebt darüber. Zwei kleine Buben lassen ihr Schiffchen schwimmen, aber es weht nicht das kleinste Lüftchen, und das Schiffchen, rot der Bootskörper und weiß das Segel, rührt sich nicht vom Fleck. Nach einiger Zeit wird es den Buben langweilig. Sie ziehen ihr Spielzeug an Land, einer klemmt es sich unter den Arm und stumm und mit hängenden Köpfen marschieren sie nach Hause.

Der Frühling, so heißt es ja, sei die Jahreszeit der Jugend, der Herbst die der alten Leute. Ich muss gestehen, dass ich mich ganz im Gegensatz zu dieser Verallgemeinerung gerade im Herbst noch oder wieder jung fühle. Zum Beispiel dann, wenn ich auf dem Weg durch den Park an einem stattlichen Blätterberg vorbeikomme. Es müsste Spaß machen, jetzt mit beiden Beinen hineinzuspringen, in den Blättern zu wühlen und das herbstliche Gold mit den Händen hoch in die Luft zu werfen. Aber ich bin kein Kind mehr, vielmehr das Gegenteil. Habe ich als Kind solche Gelegenheiten auch richtig ausgenutzt? Oder habe ich gar etwas Wichtiges versäumt?

Doch dieses Bedauern ist nur sehr flüchtig. Zwei Männer mit langen Besen fegen die Blätter vom Weg neben dem kleinen See. Sie machen das sehr sorgfältig. Wenn ein Blatt zurückbleibt, dreht sich einer der beiden um und kehrt es extra zur Seite. Zuletzt wird das Laub zu einem stattlichen Haufen zusammengefegt. Nachdem nun der Weg blitzsauber ist, rollt ein Motorwägelchen mit einer offenen Pritsche heran. Dort hinauf kommt der goldbraune Blätterberg. Zufrieden mit ihrer Arbeit steigen die beiden Männer auf das Wägelchen und machen es sich links und rechts von ihrem Kollegen, der am Lenkrad sitzt, bequem. Der eine zündet sich ein Pfeifchen an, der andere nimmt seine Mütze ab und kratzt sich hinter dem Ohr. Während das Wägelchen entlang des Sees zum Ausgang des Parks tuckert, wehen von der offenen Ladefläche die Blätter wieder auf den Weg herunter. Die Männer sehen es nicht, dafür sehe ich es, und ich lächle so vor mich hin, schaue mich um, sehe einige Passanten, die ebenfalls lächeln, und finde, dass der Weg mit den vielen goldbraunen Blättern doch eigentlich viel hübscher aussieht als so ganz blank gefegt.

Nun kommt ein leichter Wind auf, er spielt mit dem Laub, wirbelt es durcheinander. Ein kleiner Foxterrier hat es auf ein ganz spezielles Blatt abgesehen, das sich im Wind dreht und quer über den Rasen weht. Es wehen noch etliche andere Blätter über das Gras, aber das Hündchen jagt nur dem einen hinterher. Etwas sehr Menschliches liegt in seinem Eifer, dieses eine Blatt unter so vielen anderen zu erhaschen.

Schade, dass die beiden Buben inzwischen verschwunden sind. Jetzt, da der Wind etwas stärker zu wehen beginnt, hätte ihr Schiffchen auf dem Parksee große Fahrt gemacht.

Ich stehe unter den alten Kastanien, der Wind spielt in ihrem Blätterdach und es wirbelt golden auf mich herunter. Schön ist es, so mitten im Goldregen zu stehen. Wann gibt es sonst etwas so Bezauberndes? Doch nur im Herbst, den so viele Menschen nicht mögen. Der Himmel ist seidig blau, das Wasser des kleinen Sees kräuselt sich, überall über mir, um mich her und sogar unter meinen Füßen knistert und raschelt es geheimnisvoll. Stimmen des Herbstes. Die Sonnenstrahlen tanzen über goldgesprenkelte Wege und Wiesen, wohin ich blicke, ist der Park vergoldet. Wie kommt es, dass manche Menschen wünschen, es würde immerzu Sommer bleiben? Dass sie am liebsten auf den Herbst ganz verzichten würden? Ich meine, er könnte viel länger dauern!

*Barbara Johnson*

## Regenbogengarten

Als ich letzte Woche meine Post durchsah, fand ich darin einen Brief mit einer kleinen Überraschung. In einem winzigen Plastikbeutel befand sich etwa ein Teelöffel voll bunter Körnchen, und auf dem Aufkleber hieß es: „Regenbogensamen. Pflanzanweisung auf der Rückseite." Voll Freude drehte ich das Päckchen um und las:

*Beste Pflanzzeit:* Immer. Regenbogen gedeihen am besten nach einem Sturm.

*Bester Standort:* Im Licht Gottes, am besten neben einem Topf voll Gold.

*Pflanzanweisung:* Am besten am Boden kniend. Graben Sie ein tiefes Loch, in das die Ursache Ihrer dunklen Wolke hineinpasst. Legen Sie Ursache und Samen in den Boden, verteilen Sie Erde darüber, und stehen Sie dann auf und treten Sie alles mit den Füßen fest. Geben Sie Glauben dazu und gehen Sie weg.

*Erntezeit:* Nach Bedarf.

Ich musste daran denken, dass der Regenbogen das vollkommene Bild für Gottes Erbarmen ist. Er ist eine Art Zuflucht für unseren Geist, wenn die Stürme uns zu zerreißen und unser Haus zu überfluten drohen. Ein Regenbogen ist ein bunter Bogen, der gegenüber der Sonne durch die Brechung und Spiegelung der Sonnenstrahlen in Regen oder Nebel gebildet wird. Im Regenbogen sehen wir Gottes Verheißung, dass er das Leben auf der Erde nie wieder vernichten wird.

In den dicken Wolken nach einem Sturm können wir den Regenbogen leider oft nicht erkennen. Aber vielleicht reicht es schon, wenn wir intensiver nach ihm Ausschau halten. Die beste

Beschäftigung für einen verregneten Tag wäre es vielleicht, unseren Regenbogen zu suchen. Und wenn wir ihn gefunden haben, können wir vielleicht ein paar Körnchen davon einsammeln und an jemand anderen schicken. Beim Regenbogengärtnern geht es darum, durch den Widerschein von Gottes Licht Ermutigung heranzuzüchten.

Ermutigen bedeutet, das Herz zu weiten. Wenn ich Vorträge halte, dann stelle ich mir oft vor, wie die Herzen der Leute aussehen mögen, die mir zuhören. Manche sind breit geschlagen, andere niedergetreten oder flach geklopft durch skrupelloses Verhalten und Gedankenlosigkeit. Und in den Boden dieser Herzen versuche ich ein Loch zu graben. Mit einer Schaufel voll Lachen werfe ich ein wenig Dünger hinein – die Geschichte meiner eigenen Verluste. Dann werfe ich den Regenbogensamen hinterher und hoffe, dass jede Zuhörerin die Ursachen ihres eigenen Schmerzes dazutut. Gemeinsam decken wir das Loch mit Gebet zu, und dann gehen wir wieder unsere eigenen Wege. Jede Einzelne muss dann ihren eigenen Glauben hinzufügen.

Manchmal höre ich, welche Keime daraus hervorgehen. Manchmal auch nicht. Aber ich habe festgestellt, dass die Menschen alle möglichen Methoden haben, um ihren eigenen Regenbogen zu pflegen und Freude und Hoffnung an Freunde, Familie und Gemeinde weiterzugeben. Wo ein Regenbogen wächst, da singen die Engel, und Mut wird ansteckend.

Wenn Sie das nächste Mal jemanden treffen, der in Not ist, dann schrecken Sie nicht nur zusammen und gehen vorüber. Menschen in Not brauchen ein wenig Farbe, die ihre Finsternis aufhellt, und sie müssen an Gottes Verheißung erinnert werden, dass er gerade jetzt bei ihnen ist. Sie können ein Regenbogengärtner werden, wenn Sie Ihr Herz öffnen, auch wenn es Ihnen selbst im Moment nicht gut geht. Sagen Sie anderen, dass Sie zwar selbst nicht mit allem klarkommen, dass Sie aber Ihren Trost und Ihre Hoffnung in Gott finden.

Nehmen Sie Ihre Freundin bei der Hand und gehen Sie mit ihr in den Nebel und die Wolken des Unbekannten hinein. Suchen Sie nach dem bunten Bogen, der Himmel und Erde verbindet. Sammeln Sie Ihre Regenbogengeschichten und erzählen Sie sie anderen Leuten. Wir können alle Bilderbücher anlegen mit den schönsten und kühnsten Erlebnissen unseres Lebens, mit all jenen Dingen, die wir unter dem Regenbogen gelernt haben.

*Luci Swindoll*

## Gottes kreative Ideen

Zweifellos beklagen wir alle ab und zu die Tatsache, dass wir Steuern zahlen müssen. Doch vor einigen Jahren hatte ich nach einer außergewöhnlich hohen Steuernachzahlung wirklich das Gefühl, nun endgültig unter die Armutsgrenze gerutscht zu sein. Mein Budget war so niedrig, dass mir praktisch nichts mehr für die „kleinen Freuden des Lebens" übrig blieb – für Bücher, Ausflüge und Essengehen.

Drei Monate lang schränkte ich mich rigoros ein und war sorgfältig darauf bedacht, jeden ausgegebenen Pfennig peinlich genau festzuhalten. Ich kündigte die Abonnements verschiedener Zeitschriften und suchte nach Mitteln und Wegen, um meine laufenden Ausgaben zu senken. Ganz unter uns – es war gar nicht so schrecklich, wie es sich anhört, sondern es hat beinahe Spaß gemacht!

Nachdem ich ungefähr drei Wochen lang meiner selbst auferlegten Sparpolitik gefolgt war, betete ich eines Nachmittags und bat Gott, mir eine Möglichkeit zu zeigen, wie ich mich für wenig Geld gut amüsieren könnte. Als ich an jenem Abend das Haus einer Bekannten verließ, bemerkte ich neben dem Mülleimer eine große Topfpflanze mit welken Blüten. Ich hatte Mitleid mit dem vernachlässigten Rosenbäumchen und fragte meine Gastgeberin, ob ich es mit nach Hause nehmen dürfte. Ungläubig sagte sie: „Aber die Pflanze ist doch schon eingegangen! Da kann man nichts mehr machen.“ Voller Eifer versicherte ich ihr, dass ich mit ein wenig Geduld das Bäumchen wieder zum Blühen bringen könnte. Das bezweifelte sie kopfschüttelnd, und mehr Anreiz brauchte ich gar nicht, um mich Hals über Kopf in mein soeben geborenes Projekt zu stürzen. Dies war die Antwort auf mein Gebet! Ich konnte einen Garten anlegen und es würde mich keinen Pfennig kosten!

Meine Wohnung befand sich in einem großen Häuserkomplex, wo es üblich war, alte

Topfpflanzen einfach in die großen Mülltonnen zu schmeißen. Von nun an sammelte ich alle weggeworfenen Sträucher. Manche waren etwas zurückgeschnitten worden, andere waren einfach verblüht und sahen aus, als würde nicht mehr viel Leben in ihnen stecken. In den darauf folgenden drei oder vier Tagen schleppte ich mehr als zwanzig verschiedene Pflanzen in unterschiedlichen Stadien des Verblühens in meine Wohnung und begann, sie wieder gesund zu pflegen.

Zuerst schnitt ich sie radikal zurück, gab ihnen viel Wasser und stellte sie auf den kleinen Balkon vor meinem Schlafzimmerfenster. Ich sang ihnen etwas vor und spielte Mozart-Platten für die Rosensträucher. Blattläuse bekämpfte ich, wenn nötig, mit einer Mischung aus Franzbranntwein, Wasser und Seife. Innerhalb kürzester Zeit hatte ich mich in eine leidenschaftliche Rosenzüchterin verwandelt und wurde von meinen Bekannten nicht selten deswegen aufgezogen.

Unermüdlich versorgte ich meine kleinen Pflanzen mit Dünger, Wasser, ermutigenden Worten und vor allem mit viel Liebe. Ich bin nach wie vor überzeugt, dass ich die Rosenpflanzen praktisch durch Liebe zum Blühen gebracht habe! Als die

Sträucher schließlich Knospen bekamen, fing ich an, die verschiedenen Stadien der Blütenpracht auf Fotos festzuhalten: zuerst die kleinen Knospen, dann die aufgehenden Blüten und schließlich die voll aufgeblühten Rosen. Irgendwann konnte ich mehr als hundert Rosenblüten in den schönsten Farbschattierungen zählen: hellrot, dunkelrot, gelb, orange, lachs, rosa, weiß – sie sahen einfach traumhaft schön aus! Wenn die Leute an meinem Garten vorbeigingen, blieben viele stehen und zeigten auf die blühenden Rosen, andere machten Fotos und wieder andere beglückwünschten mich zu der Farbenpracht vor meiner Wohnung.

Meine lieben Freunde, die mich vorher unbarmherzig wegen meiner Leidenschaft für die kümmerlichen Pflänzchen aufgezogen hatten, lagen mir nun in den Ohren, ihnen ein paar blühende Rosen abzuschneiden. „Bitte, Luci, nur so viele, dass ich einen Strauß für mein Geburtstagsessen habe!“ Doch ich blieb fest. Jedes Mal, wenn ich diese wunderbaren Blumen anschaute, wurde ich an Gottes einmalige Antwort auf mein Gebet erinnert.

Sind Sie vielleicht in letzter Zeit ein wenig frustriert, weil nicht alles so läuft, wie Sie es sich vorstellen? Brauchen Sie eine Beschäftigung, die Sie auf andere Gedanken bringt, aber Sie können kein Geld dafür ausgeben? Bitten Sie Gott um eine kreative Idee. Ganz sicher antwortet er Ihnen und zeigt Ihnen eine Facette seiner Fürsorge, die Sie bisher noch nicht kennen. Ihre Seele wird aufatmen, weil Sie einen neuen Beweis dafür bekommen, dass Gott für Sie sorgen kann und will – auch auf ganz ungewöhnliche Art und Weise.

Gerade höre ich unten im Hof eine Mülltonne klappern. Ich werde mal nachsehen, ob sich jemand von einer alten Pflanze getrennt hat, die ich noch gut gebrauchen kann.

*Noor van Haaften*

## Jahreszeiten des Lebens

In dem kleinen Garten hinter meinem Haus stehen zwei prächtige alte Bäume. Leider haben meine Nachbarskatzen sich den violetten Flieder zu ihrer Lieblings-Nagelfeile auserkoren. Ich habe getan, was ich konnte, um den Baum vor dem täglichen wüsten Kratzritual zu schützen, aber leider ist die Rinde ernsthaft beschädigt. Der andere ist ein Apfelbaum mit einem knorrigen Stamm und knorrigen Ästen. Er erinnert mich manchmal an eine alte, gebeugte Frau mit schmerzhaft geschwollenen Gelenken.

Wenn im Herbst oder im Winter Regen und Hagel auf meine alten Bäume einprasseln, frage ich mich immer wieder, ob sie das überleben, und bezweifle, dass sie jemals wieder Blüten tragen. Aber wenn der Frühling kommt, springen die Knospen auf und der Flieder ist in frisches grünes Laub gehüllt, während der alte Apfelbaum ein Meer von herrlichen, zartrosa Blüten trägt. Ich weiß dann, dass der Moment kommen wird, in dem sich die Äste biegen werden unter dem Gewicht der dunkelvioletten Fliederdolden und saftigen Äpfel. Jedes Jahr ist das wieder ein Fest – ein Wunder von Leben und Überfluss.

Meine alten Bäume sind wahre Lebenskünstler. Ob kahl oder voller Blüten, sie sind in jeder Jahreszeit wundervoll und attraktiv. Selbst ihre beschädigte Rinde und die knorrigen Äste sind faszinierend schön. Und zudem haben sie ein reiches Innenleben, das unseren Augen verborgen ist. Wenn im Haus die Zentralheizung auf

Hochtouren läuft und die Natur kein Lebenszeichen erkennen lässt, wird im Innern dieser Bäume schon die Blüte vorbereitet.

Ein bekannter Psalm vergleicht Menschen, die auf Gott vertrauen, mit Bäumen, die am Wasser gepflanzt sind. Dort steht: „Der ist wie ein Baum, gepflanzt an Wasserbächen, der seine Frucht bringt zu seiner Zeit, und seine Blätter verwelken nicht." Ehrlich gesagt sind in der Umgebung meiner beiden alten Bäume keine Wasserbäche zu erkennen, abgesehen von dem künstlichen Bächlein im Garten meiner Nachbarn, das mittels einer elektrischen Pumpe stundenweise vor sich hin plätschert. Diese Art von „Wasserbächen" beeindrucken meine alten Bäume nicht, sie haben ihre Wurzeln tief in die Erde geschlagen, um dort lebendiges Wasser zu finden. Das Resultat spricht für sich: Diese alten Bäume trotzen den Jahreszeiten, sie ertragen brennende Sonne ebenso wie stürmischen Wind und sogar Sturm und Hagel. Ihre Kraft nimmt im Laufe der Jahre nur zu. Auch wenn sie krumm sind und hier und da eine schadhafte Stelle haben, bringen sie dennoch prächtige Blüten und reiche Frucht hervor.

Auch wir Menschen kennen verschiedene

Jahreszeiten in unserem Leben. Unsere Winter kommen, wenn die Liebe in einer Ehe abhanden kommt oder wenn es Probleme gibt in der Familie oder bei der Arbeit. Wenn sich solche Situationen länger hinziehen, dann zittern wir vor Kälte und es wird dunkel in unserem Leben. Aber dann werden wir überrascht von neuer Hoffnung und Freude: Der Frühling kommt, wenn wir in froher Erwartung nach Neuem Ausschau halten. Zu anderen Zeiten scheint das Leben nur Freude zu bringen: Wir genießen eine kostbare Freundschaft, zu Hause herrschen Friede und Harmonie, unsere Arbeit erfüllt und begeistert uns – es ist Sommer! Doch dann ziehen Wolken auf: Wir bekommen Schwierigkeiten am Arbeitsplatz, unsere Gesundheit lässt zu wünschen übrig, wir stecken in einem schmerzlichen Konflikt oder wir verlieren einen geliebten Menschen. Es ist Herbst – die Blätter fallen und wir stehen mit leeren Händen da.

Wie können wir lernen, ebenso wie die beiden alten Bäume den verschiedenen Jahreszeiten standzuhalten? Wie können wir verhindern, dass Herbst und Winter uns überfallen und zerbrechen? Wie können wir in allen Situationen an der Hoffnung auf den Frühling und die Freude und Fülle des Sommers festhalten? Wir können es, indem wir den Mut haben, uns nicht abhängig zu machen von günstigen Umständen und sofortigem Erfolg. Indem wir tief genug graben und so den Strom des lebendigen Wassers finden. Wenn wir aus ihm trinken, schenkt uns das Kraft und lässt uns blühen – zu jeder Jahreszeit.

Es gibt jemanden, der verkündigte, dass er dieses Wasser nicht nur kennt, sondern dass er selbst dieses Wasser ist. Jesus sagte zu einer Frau, die genug hatte von ihrem erschöpfenden Lebensstil und enttäuscht darüber war, dass sie kein Wasser finden konnte, das den Durst ihrer Seele löschte: „Wer aber von dem Wasser trinken wird, das ich ihm gebe, den wird in Ewigkeit nicht dürsten, sondern das Wasser, das ich ihm geben werde, das wird in ihm eine Quelle des Wassers werden, das in das ewige Leben quillt."

Diese Frau und viele andere Menschen mit ihr begriffen, was er meinte, und machten sich auf die Suche nach dem, was er versprach: Leben anstelle des Todes, Vitalität statt Stagnation, Friede und Kraft statt Unruhe und Ohnmacht, Hoffnung statt Hoffnungslosigkeit. Sie fanden es ... in ihm.

# Teil II: Kopf hoch!

*Luci Swindoll*

## Eine unerwartete Ermutigung

Eine gute Freundin von mir, die an einer Grundschule Musik unterrichtet, wurde kürzlich daran erinnert, dass das Leben viel einfacher ist, wenn man im Alltag mit Gott rechnet. Eines Montagnachmittags machte sie sich Sorgen darüber, dass sie gezwungen war, den Termin eines Schulkonzerts zu verlegen. Es bedeutete, dass sie zum Direktor gehen und ihn bitten musste, den Zeitpunkt zu verschieben, und womöglich würde er es ablehnen. Wie Sie sicher wissen, kann man nicht willkürlich die Termine etwa des Schulkonzerts und des Sportfestes austauschen, denn solche außergewöhnlichen Ereignisse werden schon Monate vorher geplant und die Daten sind daher praktisch in Stein gemeißelt.

Während meine Freundin im Klassenzimmer beschäftigt war, übte sie im Stillen, was sie dem Direktor sagen würde. Dabei wurde sie immer nervöser und ihre Angst vor dieser Auseinandersetzung wuchs mit jeder Minute. Sie war furchtbar aufgeregt.

Plötzlich, als sie ihren Schreibtisch aufräumte, fegte sie mit einer Handbewegung einen kleinen Zettel auf den Boden. Sie hob das Papier auf und las voller Erstaunen: „Wenn ich mich fürchte, so hoffe ich auf dich." Meine Freundin traute ihren Augen kaum, denn dies war genau die Ermutigung, die sie für das bevorstehende Gespräch nötig hatte.

Ein Lächeln breitete sich auf ihrem Gesicht aus, sie holte tief Luft und marschierte geradewegs zum Büro des Direktors. Alles verlief glänzend und der Termin für das Konzert konnte ohne Schwierigkeiten verschoben werden.

Ein paar Tage später kam ein kleines Mädchen während einer Unterrichtsstunde zu ihrem Schreibtisch und flüsterte: „Mrs. Jacobs, haben Sie vielleicht zufällig einen Zettel gesehen, auf dem steht: Wenn ich mich fürchte, so hoffe ich auf dich?" Sofort erklärte meine Freundin dem besorgten Mädchen, dass sie den Zettel gefunden hätte und er noch immer auf ihrem Schreibtisch liege.

„Gehört er dir, Rachel?“ Die Antwort darauf war ein eifriges Kopfnicken.

In dem Bestreben, die Gelegenheit nicht ungenutzt zu lassen, forschte meine Freundin weiter: „Geht es dir gut, Rachel? Wie kommt es, dass du diesen Zettel überhaupt bei dir hattest? Gibt es irgendein Problem, bei dem ich dir helfen kann?“

Ein wenig schüchtern erzählte das kleine Mädchen: „Wissen Sie, Mrs. Jacobs, vor ein paar Tagen mussten wir doch eine Prüfung machen. Ich hatte große Angst davor und deshalb hat meine Mutti diesen Zettel in meine Brotdose gesteckt. Es hat tatsächlich geholfen. Aber dann habe ich den Zettel verloren.“

Nun berichtete meine Freundin ihrer kleinen Schülerin, wie sehr sie sich über diesen Fund gefreut hatte. Sie hatte ebenfalls vor einer Herausforderung Angst gehabt und war durch diesen Bibelvers daran erinnert worden, dass wir mit Gottes Hilfe unsere Furcht besiegen können. Die Ermutigung, die ein ängstliches kleines Mädchen getröstet hatte, hatte dieselbe Wirkung auf eine erwachsene und erfahrene Lehrerin gehabt.

Furcht packt jeden von uns irgendwann, ganz

egal, wie alt oder erfahren wir sind und welche Position wir im Leben bekleiden. Es macht auch keinen Unterschied, ob hinter dieser Furcht eine reale Bedrohung steht oder ob sie nur in unseren Gedanken existiert. In beiden Fällen ist Jesus Christus unsere einzige Zuflucht.

Aber wie geht das, bei Jesus Christus Schutz zu suchen? Es ist eigentlich ganz einfach. In unserem Alltag werden wir immer wieder mit Situationen konfrontiert, die uns beunruhigen. Wenn Sie so ein Mensch sind wie ich, dann erscheinen Ihnen manche Entscheidungen, die Sie treffen müssen, viel zu schwierig. Oder es gibt eine Beziehung in Ihrem Leben, die Sie vernachlässigt haben. Vielleicht haben Sie Geldsorgen oder fürchten sich vor dem Ergebnis einer medizinischen Untersuchung.

In solchen Fällen können wir entweder ängstlich schlotternd den Kopf in den Sand stecken und uns selber vormachen, dass dieses Problem gar nicht existiert. Oder wir können mit dem Einen darüber sprechen, der in der Lage ist, unser aufgewühltes Herz zu beruhigen und unsere Angst wegzunehmen. Er ist tatsächlich fähig, uns wieder Mut und Zuversicht zu geben, sodass wir das Problem in Angriff nehmen können. Man nennt das Beten.

Manchmal ist unsere Furcht so riesengroß, dass wir nur sagen können: „Herr, ich habe solche Angst. Bitte gib mir deinen Frieden, denn ich will dir vertrauen. Ich weiß, dass du mir helfen kannst!“ Und er tut es wirklich. Seine Gegenwart durchdringt unsere Gedanken und schenkt uns eine übermenschliche Ruhe.

Gott möchte, dass wir jederzeit mit ihm rechnen, denn er ist auf unserer Seite. Genau deshalb steht dieser Vers in der Bibel. Schreiben Sie ihn doch auf ein Stück Papier und stecken Sie diesen Zettel in Ihr Portemonnaie als Erinnerung daran, dass Gott größer ist als Ihre Furcht.

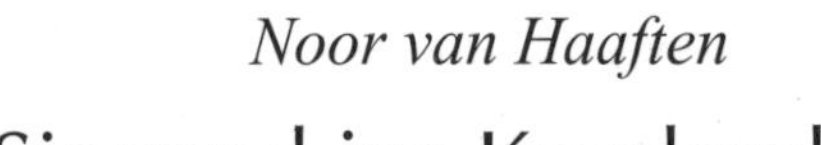

*Noor van Haaften*

## Singend ins Krankenhaus

Sie ist gefallen und weil ihr Allgemeinzustand zu wünschen übrig lässt, hält der Hausarzt eine Krankenhausaufnahme für erforderlich. Wir, drei Frauen aus ihrer Kirchengemeinde, sind frühmorgens bei ihr, um ein bisschen aufzuräumen und das eine oder andere in die rechten Bahnen zu lenken. Das Wissen, dass sie, die mittlerweile über neunzig Jahre alt ist, im Krankenhaus fachkundig behandelt und optimal versorgt werden wird, erleichtert uns alle. Wir stopfen ein paar Sachen in eine Reisetasche und warten das Weitere ab.

Seltsamerweise geschieht jedoch nichts. Der erwartete Anruf vom Krankenhaus oder einer anderen Einrichtung bleibt aus. Es ist inzwischen beinahe Mittag und wir rufen selbst an. Das bringt uns nicht weiter. Den Hausarzt erreichen wir nicht mehr. Die anderen Einrichtungen, die wir kontaktieren, schicken uns „von Pontius zu Pilatus“. Abgesehen von der Tatsache, dass niemand darüber informiert ist, dass unsere Freundin ins Krankenhaus eingewiesen werden soll, haben sie alle mit demselben Problem zu kämpfen: Personalmangel. Stundenlang tappen wir in einem Irrgarten von Organisationen herum, die alle ihr Bedauern über die seltsame Situation zum Ausdruck bringen, aber nichts für uns tun können. Inzwischen schließt ein Schalter nach dem anderen. Dass es um die soziale Betreuung in den Niederlanden schlecht bestellt ist, wussten wir schon lange. Aber dass es so schlecht darum steht? Es ist zum Verrücktwerden ...

Gegen zehn Uhr abends erreichen wir die Notfallambulanz eines Krankenhauses in der Nähe. Ein junger Arzt in Ausbildung erbarmt sich unserer Situation und kommt eine knappe Stunde später persönlich vorbei. Zu unserer Erleichterung bestellt er sofort einen Krankenwagen, der – o Wunder! – auch nicht lange auf sich warten lässt.

Trotzdem sind inzwischen zwölf Stunden vergangen seit dem morgendlichen Besuch des Hausarztes.

Die hochbetagte Patientin scheint unter der Verzögerung nicht zu leiden. Im Gegenteil, während die Stunden verstreichen, erholt sie sich zusehends durch all die Aufmerksamkeit und das Getue um sie herum. Immer wieder ergeht sie sich in Dankbekundungen und Halleluja-Rufen. Als die Sanitäter sie auf die Trage legen, erzählt sie ihnen strahlend, „dass der Herr so gut für mich sorgt". Sie singt sogar ein Lied dabei: „Gott ist so gut, Gott ist so gut, Gott ist so gut, Gott ist so gut zu mir."

Es ist eine seltsame Prozession, die da durch

die langen Gänge des Pflegeheims zieht und dann nach einer kurzen Fahrt mit dem Krankenwagen bei der Notfallaufnahme des Krankenhauses ankommt. Eine Trage mit einer gebrechlichen alten Dame, die hellwach ist. Die den Sanitätern, den Krankenschwestern, den Ärzten, die sie untersuchen kommen, immer wieder persönlich dankt und Mut zuspricht. Die mit Worten und Liedern zum Ausdruck bringt, wie dankbar sie Gott ist. Die uns mit viel Humor und schelmischem Lächeln von ihrem bewegten Leben erzählt, das sie unter anderem in die Missionsarbeit in die Schweiz geführt hat. In einem kühlen Untersuchungszimmer mit grellen Neonlampen genießen wir ihre Geschichten.

Um etwa ein Uhr morgens stellt eine junge Ärztin der alten Dame während einer Untersuchung die vorgeschriebene Frage nach ihrem Wunsch im Falle eines Herzstillstandes. Frau K. denkt kurz nach, dann begreift sie, worum es geht. Sie beginnt zu strahlen. „Nein, mein Kind", sagt sie. „Wiederbeleben tun wir nicht. Ich habe ein schönes Leben gehabt und ich freue mich darauf, bald zu meinem Herrn zu gehen." Dann singt sie ein Lied, in dem es um die himmlische Zukunft der

Gläubigen geht. Die Ärztin, mit Formular und Stift in der Hand, lässt sie ganz zu Ende singen. Wir tun alle miteinander so, als würden wir ihre Tränen nicht sehen.

Eine knappe Dreiviertelstunde später wird uns mitgeteilt, dass das Krankenhaus, in dem wir uns befinden, einen Aufnahmestopp verfügt hat: Es gibt kein Bett für unsere Freundin. Der diensthabende Arzt entschuldigt sich für diese peinliche Situation und verspricht uns, sein Bestes zu tun, um die Patientin woanders unterzubringen. Ergeben schließen wir uns der Reihe der Wartenden an: drei Tragen mit Menschen, die ebenso wie unsere Freundin auf ein Krankenhausbett warten.

Um halb drei bekommen wir grünes Licht und einen neuen Krankenwagen, der uns in eine Klinik in einer anderen Stadt bringt, wo man ein Bett für sie hat. Dort beginnen etwa eine Dreiviertelstunde später all die Untersuchungen, die wir eben in dem anderen Krankenhaus hinter uns gebracht haben, von vorn. Während wir müde an der Wand lehnen und ein junger Assistenzarzt, der angepiept wurde, um ein EKG zu machen, mit vom Schlaf geröteten Wangen hereinstolpert, lobt unsere tapfere Patientin immer noch fröhlich die netten Krankenschwestern und Ärzte und bedankt sich bei ihnen. Es kommt keine Klage über ihre Lippen wegen der langen Warterei oder der Wiederholung der entnervenden Untersuchungen, die sie erst vor ein paar Stunden über sich ergehen lassen musste. Stattdessen zeigt sie aufrichtiges Interesse an den Menschen, die ihr Fragen stellen, mit Lämpchen in ihre Augen leuchten, auf ihren Bauch klopfen und eine Vene suchen, um eine Infusionsnadel zu legen. Ab und zu schließt sie die Augen, dann wieder singt oder summt sie ein Lied. Das letzte Lied, das sie – direkt vor unserem Abschied um halb fünf Uhr morgens – zu Gehör bringt, ist: „Sollt ich meinem Gott nicht singen? Sollt ich ihm nicht dankbar sein?“ Singen, so sagt sie uns, ist viel besser als jammern. Und Gott zu loben für all das Gute, das er uns schenkt, bringt einen Menschen viel weiter, als sich über Schwierigkeiten zu ärgern. Sie schärft uns ein, uns keine Sorgen um sie zu machen, und winkt uns von ihrem Bett im Untersuchungsraum aus zu.

Wir fahren über ausgestorbene Straßen nach Hause. Gegen fünf Uhr liege ich im Bett. Es wird schon hell, und die ersten Vögel stimmen ihr

Morgenlied an. Ein neuerlicher Lobgesang auf den Schöpfer.

*Marilyn Meberg*

## Eine göttliche Medizin

Vor einigen Monaten erhielt ich einen Brief von einer Frauengruppe, die eine unserer Konferenzen in Atlanta besucht hatte. Die reizenden Damen waren alle etwa Mitte siebzig, verwitwet und „kümmerten sich umeinander“. Anscheinend treffen sie sich jede Woche einmal, um zusammen in der Bibel zu lesen und anschließend gemeinsam Essen zu gehen. (Würde mir sicher auch gefallen!)

Die Konferenz hatte ihnen sehr gefallen, und nun wollten sie mir mitteilen, wie sie etwas, das ich gesagt hatte, konkret umsetzten. Zu einem ihrer Treffen waren zwei der Frauen mit ungewöhnlich starken Rheumabeschwerden gekommen, eine hatte schon seit Tagen Kopfschmerzen, eine andere litt unter einer leichten Depression und die übrigen zwei meinten, irgendwie sei ihnen alles egal ... auch das Mittagessen. (Alarmstufe eins!)

Als ihnen klar wurde, dass ihr Treffen wohl nicht besonders lustig werden würde, schlug die inoffizielle Leiterin der Gruppe, die mir dann auch den Brief schrieb, ihren Freundinnen Folgendes vor: „Warum versuchen wir es nicht mal mit dem Lachen, das Marilyn uns gezeigt hat? Ihr wisst doch noch, als der ganze Saal hysterisch gekichert hat.“ (In einem meiner Vorträge hatte ich versucht zu zeigen, wie selbst das kleinste Kichern, wenn man es bewusst übt, in wenigen Minuten ein ausgewachsenes Lachen hervorrufen kann.) Aus schierer Verzweiflung beschlossen die sechs Frauen, dass es sicher nicht schaden könnte, und so begannen sie mit einem vorsichtigen „Haha“. Das Ganze kam ihnen dann so albern vor, dass sie tatsächlich richtig lachen mussten.

Zu ihrem Erstaunen nahmen die Arthroseschmerzen ab, der Kopfschmerz war nicht mehr so schlimm, und die Depression und Gleichgültigkeit machten einem Gefühl des Wohlbefindens Platz. Die Schreiberin berichtete, dass sie nun jede ihrer wöchentlichen Zusammenkünfte mit einem Gebet und einer Runde Gelächter beginnen und erst dann zum Bibelstudium übergehen. Ich muss wohl nicht besonders erwähnen, dass mich dieses Zeugnis von der Kraft Gottes, die auch durch Lachen heilen kann, sehr bewegt und befriedigt hat.

Wenn Gott sagt, ein fröhliches (oder lachendes) Herz tue dem Leib wohl, dann glaube ich, dass er das tatsächlich wörtlich gemeint hat. Die Welt der Medizin hat inzwischen nachgewiesen, dass Lachen Endorphine freisetzt, Gottes natürliche Schmerzkiller, die fünfzig bis hundert Mal wirksamer sind als Morphium. Wenn diese lieben Frauen also erlebten, wie nicht nur ihre seelischen, sondern auch die körperlichen Beschwerden nachließen, dann haben sie einfach Gottes Arznei ausprobiert.

Sie haben sicherlich auch schon mitbekommen, dass die Wissenschaft die Zusammenhänge zwischen Körper und Seele intensiv erforscht, auch was das Lachen angeht. Ich war fasziniert von einem Artikel, der am 11. August 1996 in der Londoner Times erschien (Luci hat ihn mir geschickt – ich selbst komme ja nirgends hin). Ein Forscher namens Jonathan Leake suchte eine Antwort auf die Frage, warum Menschen, die lachen, länger leben. Er entdeckte, dass eine ganz bestimmte Gruppe lebenswichtiger Substanzen durch das Lachen besonders angeregt wird. Diese Hormone sind so wirksam, dass sie das gesamte Immunsystem des Menschen stärken und ihm bei der Abwehr von Krankheiten helfen können, sogar bei ganz normalen Erkältungen oder einer Grippe.

Im selben Artikel wurde berichtet, dass Arthur Stone, ein Professor an der State University von New York, der als einer der Ersten die Wirkung des Lachens erforschte, ein Papier veröffentlicht hat, in dem er den bislang schlüssigsten Nachweis dafür erbringt, dass zwischen dem Lachen und dem Gehalt von Immunglobulin A im Blut ein Zusammenhang besteht. (Diese Substanz hilft den Menschen, Krankheiten zu bekämpfen, indem sie eindringende Bakterien und Viren markiert und damit gewissermaßen zur Vernichtung durch die weißen Blutkörperchen freigibt.)

Die Suche nach solchen organischen Wirkstoffen begann vor etwa zehn Jahren. Damals wurde man zum ersten Mal auf einen möglichen Zusammenhang zwischen einer fröhlichen Einstellung und der Lebensdauer des Menschen aufmerksam.

Schon bald stellte sich heraus, dass melancholische Menschen einen höheren Gehalt an Hormonen aufweisen, die als Cortisone bekannt sind. Diese Hormone werden auch Stresshormone genannt, weil sie besonders unter Stress entstehen. Außerdem beeinträchtigen sie die Fähigkeit, Krankheiten abzuwehren. Erst jetzt aber beginnt man, auch die Rolle ihrer munter machenden Gegenstücke, der Zytokine, zu verstehen.

Ist das nicht interessant? Der Gott des Universums hat schon vor langer Zeit gesagt, ein fröhliches Herz sei eine gute Arznei. Er hat uns die Freude verschrieben. Wir müssen das Rezept nur einlösen.

*Martina Merckel-Braun*

## Unerwartete Wendung

Der einzige Überlebende eines Schiffbruchs wurde auf eine kleine, unbewohnte Insel gespült. Verzweifelt flehte er Gott an, ihn zu retten. Jeden Tag suchten seine Augen stundenlang den Horizont nach einem Schiff ab, das herkommen und ihn an Bord nehmen könnte, aber seine Hoffnung erfüllte sich nicht.

So baute er sich schließlich eine einfache Hütte, in der er seine wenigen Habseligkeiten aufbewahrte, und versuchte, sich mit dem Unabänderlichen abzufinden. Aber eines Tages, als er von der Nahrungssuche zurückkehrte, musste er feststellen, dass seine Hütte in Flammen stand. Der Rauch stieg hoch in den Himmel auf, und der Mann war völlig verzweifelt. Nun hatte er auch noch das Wenige verloren, das sein erbärmliches Leben ein bisschen erträglicher gemacht hatte.

Am nächsten Tag jedoch näherte sich der Insel ein Schiff und die Matrosen kamen an Land, um ihn zu retten.

Der Mann war völlig verblüfft. „Woher wusstet ihr denn, dass ich hier bin?“, fragte er.

„Wir haben deine Rauchzeichen gesehen“, entgegneten die Männer.

Gott hört jedes Gebet, auch wenn es manchmal länger dauert, bis wir eine Antwort erhalten. Und gelegentlich benutzt er gerade das, was wir für einen Schaden oder ein Unglück halten, als Mittel, seine Pläne mit uns zu verwirklichen.

*Brennan Manning*

# Hab Vertrauen!

Ein Pfarrer von den Bahamas erzählte eine Geschichte, die den Kern biblischen Vertrauens sehr schön beschreibt:

„Ein zweistöckiges Haus war in Brand geraten. Die Familie – Vater, Mutter und mehrere Kinder – waren auf dem Weg ins Freie, als der kleinste Junge erschrak, sich von seiner Mutter losriss und wieder nach oben rannte.

Plötzlich tauchte er in einem der qualmenden Fenster auf und schrie wie verrückt. Sein Vater rief ihm von draußen zu: ‚Spring, mein Sohn, spring, ich fange dich!'

Der Junge rief: ‚Aber ich kann dich nicht sehen, Papa.'

‚Ich weiß', rief der Vater zurück, ‚aber ich kann dich sehen.'"

# Teil III: Gestern so wie heute

*Walter Feldkirch*

## Wege der Erinnerung

Es gibt Wege, auf denen nur unsere Füße gehen. Es gibt aber auch Wege, auf denen wandern unsere Herzen mit. Das sind die Wege der Erinnerung.

Als das Fest ihrer goldenen Hochzeit näher rückte, überlegten beide, wie sie diesen denkwürdigen Tag feiern sollten. Der Sohn, ihr einziges Kind, war seit vielen Jahren in Amerika verheiratet. Und um mit entfernten Verwandten und Nachbarn, die ihnen wenig bedeuteten, den üblichen Rummel durchzustehen, fehlte ihnen Freude und Kraft.

Da hatte der Mann einen besonderen Plan, den er aber zunächst vor seiner Frau verschwieg. Er schrieb heimlich einen langen Brief. Und als er nach einer Woche die erwünschte Antwort erhielt, offenbarte er seiner Weggefährtin das Geheimnis: Wir verbringen einige Urlaubswochen an dem gleichen Ort, wo wir vor fünfzig Jahren unsere Flitterwochen erlebten. Begeistert stimmte sie seinem Vorschlag zu.

Das Kofferpacken bereitete ihnen freilich einige Aufregung und Mühe, aber die Vorfreude auf die besonderen Urlaubstage überstrahlte alles.

Und dann war es soweit. Ein Taxi brachte sie zum Bahnhof und der Zug fuhr sie in das kleine Dorf am Rand der Lüneburger Heide. Am Bahnhof wartete eine altmodische Pferdedroschke und beförderte sie in den gleichen, von alten Linden überschatteten Gasthof, in dem sie vor fünfzig Jahren als Jungverheiratete abgestiegen waren. Ja, es war dem Ehepaar sogar gelungen, das gleiche Gastzimmer wie damals zu bekommen.

In den nächsten Tagen gingen sie die Wege, auf denen ihre Herzen mitschritten.

Vieles hatte sich in den Jahren verändert. Aber manches war doch geblieben: Die Bank, auf der sie damals oft gesessen hatten, stand noch und war für sie eine willkommene Gelegenheit, die müden Füße auszuruhen.

Wieder schritten sie durch den kleinen Wacholderhain. Wie waren die Bäume gewachsen! Aber sie fanden die einsame Birke am Bach, unter der sie sich damals eng umschlungen ewige Liebe geschworen hatten.

Wie schnell waren doch die fünfzig Jahre ins Land gegangen! Und was hatten sie doch alles gebracht an Freud und Leid, an hellen und dunklen Tagen!

Den Tag der goldenen Hochzeit feierten sie in aller Stille zu zweit. Nur der Gastwirt, der um ihr Geheimnis wusste, schmückte das Zimmer mit einem großen Blumenstrauß.

Als sie abends im Bett noch einmal den Tag miteinander überdachten und in der Erinnerung an die gemeinsamen Jahre ins Erzählen gerieten, überkam den Goldbräutigam plötzlich eine wehmütige und seit langem nicht mehr gezeigte Zärtlichkeit. Er ergriff ihre Hände. Und indem er sie leise streichelte, sagte er: „Du, Liebes, ich danke dir für die fünfzig Jahre!“, und fügte fast ein wenig beschämt hinzu: „Gib mir doch wieder einmal einen Gutenachtkuss!“

Etwas unbeholfen überwand sie die hohe Bettkante und küsste ihn. Mit einem Mal blitzte es schelmisch in ihren Augen auf: „Weißt du noch, wie du mir damals zärtlich in das Ohrläppchen gebissen hast? Tu’s doch noch einmal!“

„Ach, sei nicht albern!“, wehrte er verlegen ab, „in unserem Alter!“

„Ach, bitte!“, beharrte sie.

Da richtete er sich in seinem Bett ein wenig auf und sagte entschlossen: „Wenn du durchaus willst ... Dann reich mir vom Nachttisch meine Zähne herüber!“

*Martina Merckel-Braun*

## Das „Zauberbuch“ in der Vitrine

In kaum einem Land gibt es so große Gemeinden wie in Korea. Es ist keine Seltenheit, dass man dort in einer einzigen Großstadt gleich mehrere Gemeinden trifft, die jeweils einige Hunderttausend Mitglieder haben. Und all dies begann so: Im 16. und 17. Jahrhundert war es Ausländern noch bei Todesstrafe verboten, das Königreich Korea zu betreten. In den Häfen waren Bogenschützen stationiert, die jeden Fremden, der an Land zu kommen versuchte, sofort erschossen. Nun gab es in England einen jungen Missionar, der Gott um Weisung bat, wohin er sich begeben solle, um das Evangelium zu verkündigen. Während er betete, hatte er den starken Eindruck, dass Gott ihn nach Korea schickte. Er wusste, dass in dieses Land keine Ausländer hineindurften, aber er sagte sich, dass dies Gottes Risiko war, nicht seins. So bemühte er sich um eine Schiffspassage, jedoch ohne Erfolg, da kein englischer Kapitän bereit war, einen koreanischen Hafen anzusteuern und sich und seine Mannschaft in Lebensgefahr zu bringen. Schließlich fand sich eine Lösung: Ein Kapitän schlug ihm vor, ein zusätzliches Rettungsboot mitzunehmen, mit dem der Missionar dann selbst an Land rudern könne. Einige Wochen darauf war es dann so weit: Vor der koreanischen Küste, in der Nähe eines Hafens, stieg der junge Mann in das Boot und paddelte ans Ufer – voller Freude darüber, dass er endlich dort war, wo Gott ihn hingesandt hatte. Doch die Bogenschützen empfingen ihn in der landesüblichen Weise. Rufend und gestikulierend versuchte er, sie von seinen guten Absichten zu überzeugen, aber sie verstanden ihn natürlich nicht, und wenige Augenblicke später ging ein Pfeilhagel auf ihn nieder. Bevor der junge Missionar tödlich getroffen zusammenbrach, tat er jedoch noch etwas Merkwürdiges: Er schleuderte seine kleine englische Taschenbibel aus dem Boot. Die Bogenschützen waren neugierig, was er da ins Meer geworfen hatte, und fischten die Bibel aus dem Wasser. Sie hatten noch niemals ein Buch gesehen und brachten ihrem König die seltsame Beute. Dieser ließ die Bibel zunächst einmal trocknen und deponierte sie dann in einer Vitrine.

Viele Jahre später wurden die Vorschriften in Bezug auf Ausländer gelockert, und Korea begann, Handel mit europäischen Kaufleuten zu betreiben. Eines Tages war ein englischer Kaufmann bei dem koreanischen König zu Gast, und als dieser die Bibel in der Vitrine liegen sah, fragte er erstaunt, was es damit auf sich habe. Der König erzählte es ihm. „Aber was dieses seltsame Ding ist, weiß niemand von uns. Wir vermuten, dass dieses Schriftstück Zauberzeichen enthält, und haben es als Kuriosität aufbewahrt." Der Kaufmann erklärte ihm daraufhin, dass er dieses Buch kenne und es auch lesen könne, denn es sei in seiner Muttersprache geschrieben. Nun war die Neugier des Königs geweckt, und er ließ für seinen ganzen Hofstaat Vorleseabende veranstalten. Der englische Kaufmann begann mit einem Evangelium, und nachdem der König einiges über Gott und das Leben Jesu erfahren hatte, sagte er: „Davon müssen wir mehr hören!" Er bat den Kaufmann, doch bei ihm zu bleiben und ihm die ganze Bibel vorzulesen und zu erläutern. Der Kaufmann wollte sich lieber weiter seinen Handelsgeschäften widmen, doch er dachte sofort an die Missionare in seiner Heimat. Wenn der König einverstanden sei, würde er ihm solche Männer schicken. Der König stimmte zu, und bald darauf kamen die ersten Missionare ins Land. Ihre Arbeit brachte viel Frucht, denn viele Menschen öffneten sich für Jesus, und im Laufe der Jahre wurden es immer mehr. Und all dies war dem englischen Missionar zu verdanken, der „wider alle Vernunft" Gott gehorcht hatte, zu einem koreanischen Hafen gerudert war und, als er sonst nichts mehr tun konnte, eine Bibel ins Wasser geworfen hatte.

*Wolfgang Bauer*

# Eine schöne Bescherung

Meine Großmutter war eine schlichte und fromme Frau. Die Gemeinde in Wandsbek, zu der sie gehörte, hatte ihren Versammlungsraum in einem alten, mit Wein bewachsenen Hause.

Als ich im Jahre 1912 in dieser Stadt geboren wurde, war Großmutter Kastellanin der Gemeinde. Sie wohnte in der Parterrewohnung neben dem Gemeindesaal. Meine Eltern hatten die Wohnung in der oberen Etage.

Sobald der kleine blonde Wolfgang laufen konnte, stapfte er die Treppe hinunter zur Oma, schaute ihr beim Saubermachen der Kapelle zu; stieß auch wohl mal ihren Wassereimer um und entdeckte schon im frühen Kindesalter die Kanzel. Freilich damals nur als einen Ort, an dem man vorzüglich klettern und sich verstecken konnte.

So nahte die Kriegsweihnacht 1916. Wie überall, begannen auch in der Gemeinde die Vorbereitungen für das Fest. Für die Beschaffung und den Schmuck des Tannenbaumes in der Kapelle war die Sonntagsschule zuständig.

Nun war es in jenen Kriegsjahren schwierig,

einen großen und gut gewachsenen Tannenbaum zu beschaffen. Und er musste doch makellos sein, weil er immer direkt vor der Kanzel im Blickfeld der ganzen Gemeinde stand.

Als man endlich einen Baum in der richtigen Größe erstanden hatte, stellte der „Sonntagsschulonkel" mit Schrecken fest, dass die Zweige auf der einen Seite verkrüppelt waren oder ganz fehlten.

Nun, man wusste sich zu helfen. Die magere Seite wurde einfach nach hinten, zur Kanzel, gestellt und die Lücken barmherzig mit langen Lamettafäden überdeckt.

Am Tage vor dem Heiligen Abend war das Schmücken beendet. Diesmal war es besonders gut gelungen. Befriedigt gingen die Helfer der Sonntagsschule nach Hause. Morgen konnte gefeiert werden!

Aber sie hatten nicht mit dem Unternehmungsdrang des flachsblonden kleinen Buben aus der ersten Etage gerechnet.

Wie er es gewohnt war, ging er, als er einen Augenblick unbewacht war, auf Entdeckungsreise. Mutig kletterte er auf bekanntem Weg die Treppe hinunter. Omas Tür war verschlossen. Aber – die

Tür zur Kapelle ließ sich öffnen. Er ging hinein. Was gab es da zu sehen! Ein großer, mit Kerzen und bunten Kugeln geschmückter Tannenbaum! Den musste man doch aus der Nähe betrachten! So schnell ihn seine flinken Füßchen trugen, lief er nach vorne. Zunächst stand er stumm und wie erstarrt vor so viel unbekannter Herrlichkeit. Unmöglich, all die glitzernden Dinge auf einmal wahrzunehmen. Ganz vorne hing eine leuchtend rote Kugel. Ob man sie anfassen und aus der Nähe betrachten könnte?

Die kleinen Kinderhände greifen zu, ziehen den Zweig heran, und – da ist es auch schon geschehen!

Der Baum, der wegen der ungleich verteilten Zweige sowieso nicht auf sehr festem Fuß stand, bekommt das Übergewicht, kippt um und begräbt den kleinen Jungen unter sich.

Der liegt laut schreiend und zu Tode erschrocken unter pieksenden Tannennadeln und zerbrochenen Kugeln.

Inzwischen ist die Oma von ihrem Einkauf zurück. Sie hört das Schreien, läuft in die Kapelle und sieht die Bescherung.

Einen Augenblick steht sie wie gelähmt. Dann

zieht sie den Knaben unter dem Tannenbaum hervor und stellt den Baum wieder aufrecht. Der kleine Wolfgang hat außer einigen leichten Schrammen nichts abbekommen.

Aber wie sieht der Christbaum aus?!

Die Kerzen umgekippt. Die Kugeln zerbrochen. Ein Bild der Verwüstung. Und morgen ist Weihnachten!

Da fängt Oma dann auch laut zu jammern an. Und durch den leeren Kapellenraum klingt ihre klagende und vor Aufregung zitternde Stimme in unverfälschtem Hamburger Plattdeutsch:

„De schööne Boom! De unartige Jung! – De schööne Boom! De unartige Jung!"

Inzwischen ist Mutter dazugekommen und versucht, zwei des Trostes Bedürftige zu trösten.

Nun, der Schaden ließ sich einigermaßen beheben.

Viele Kugeln hatten glücklicherweise den Sturz unbeschädigt überstanden. Zudem fand Oma in einem Kasten auf dem Dachboden noch Strohsterne und vergoldete Tannenzapfen. Mutter gab einen Teil ihres Weihnachtsschmuckes her. Die Kerzen wurden wieder gerade gesteckt, und das Lametta zurechtgehängt.

Jetzt sah man dem Baum seine „bewegte Vergangenheit“ nicht mehr an.

Worüber wir später noch oft gelacht haben, war dies: Großmutter holte ein Stück ihrer Wäscheleine und band den kopflastigen Tannenbaum hinten an der Kanzel fest.

„Sicher ist sicher!“, soll sie gesagt haben. So konnte die Gemeinde am anderen Tag dann doch noch fröhlich Weihnachten feiern.

*Dale Hanson Bourke*

## Das Vermächtnis

Das einzig Überraschende an Opa Hansons Tod war, dass er für mich so plötzlich kam. Opa war schließlich schon 90 Jahre alt.

Aber er war so energiegeladen, dass es mir nie in den Sinn gekommen wäre, irgendetwas könnte ihn bremsen. Er war so robust und voller Lebensfreude und irgendwie muss ich geglaubt haben, er würde uns alle überleben.

Er füllte jede Minute mit seinem lebhaften Erzählen und seiner ständigen Geschäftigkeit. Er neckte und scherzte, er suchte die Auseinandersetzung und redete einem gut zu, und das alles zur gleichen Zeit.

„Du wirst auch immer dicker, stimmt's?“, sagte er einmal als Begrüßung zu mir, als ich ihn fast ein Jahr lang nicht gesehen hatte. Ein anderes Mal äußerte er sich darüber, wie grau ich geworden sei – nachdem ich gerade ein kleines Vermögen dafür ausgegeben hatte, mir Strähnchen ins Haar machen zu lassen.

Aber genau so umwerfend wie Opas Direktheit war seine Liebe. „Ich werde dich auch noch lieben, wenn du so dick wie ein Elefant bist“, versicherte er mir. Dann kuschelte er sich an mich, reckte sich, so weit es seine 1,60 Meter erlaubten und rieb seine unrasierte Wange gegen meine. Das war Großvaters Markenzeichen – eine liebevolle Berührung, die noch eine Weile brannte.

Man erzählt sich, dass Großvater mit den Jahren tatsächlich umgänglicher wurde. Als junger Mann trug ihm sein Temperament ein paar Boxkämpfe ein. Eine unserer beliebtesten Hanson-Legenden ist die Geschichte, wie Großvater mit seinem Kleinlaster in der Hauptverkehrszeit unterwegs war und von einem aggressiven Busfahrer aus der Spur gedrängt wurde.

Es war noch nie Großvaters Art gewesen, klein beizugeben, und man erzählt sich, dass er die Scheibe herunterkurbelte und dem Busfahrer sagte, er solle ihm aus der Bahn gehen. Der Busfahrer wies darauf hin, dass sein Bus wesentlich größer sei als Großvaters Wagen und deswegen würde er genau da fahren, wo es ihm passte. An diesem Punkt stand Großvaters Ehre auf dem Spiel, also griff er hinter seinen Sitz (so wird berichtet), zog einen Vorschlaghammer hervor und hinterließ eine beträchtliche Delle in dem Bus, bevor er davonfuhr.

Vielleicht kühlte sein Temperament im Lauf der Jahre wirklich etwas ab, aber das Tempo, in dem er sich bewegte, schien unverändert zu bleiben. Die Schnappschüsse, die ich von Opa Hanson im Kopf habe, sind alle verwackelt. Er war ständig in Bewegung und viel zu beschäftigt, um sich Sentimentalitäten hinzugeben.

Ich erinnere mich, wie er auf dem Dach seines dreistöckigen Hauses herumkletterte, als er seinen 85. Geburtstag schon lang hinter sich gelassen hatte. Ich sehe ihn vor mir, wie er sein

Schneemobil mit halsbrecherischer Geschwindigkeit steuerte und bei Minustemperaturen durch die Luft flog. Wäre Hyperaktivität eine Diagnose, die bei älteren Leuten gestellt wird, dann wäre Großvater ein klassischer Fall gewesen.

Großvaters grenzenlose Energie richtete sich oft auf geistliche Angelegenheiten. Er war ein Evangelikaler vom alten Schlag. Er ließ keine Gelegenheit aus, Bekannte ebenso wie Fremde darauf hinzuweisen, dass sie Jesus brauchten. Es stimmt, dass er manche Menschen am Kragen packte und rundheraus fragte: „Bist du gerettet?" Aber seine Hartnäckigkeit trug so unerwartete Früchte, dass ich mich manchmal fragte, ob meine eigenen Vorstellungen vom missionarischen Lebensstil wirklich richtig waren.

Es war typisch für Großvater, dass er seine eigene Beerdigung geplant hatte. Und es passte ganz und gar, dass daraus eher eine Missionsveranstaltung als ein Gedenkgottesdienst wurde. Großvater hätte es so gefallen.

Ich musste bei Großvaters Beerdigung nicht viel weinen. Ich könnte niemanden nennen, der so versessen wie er darauf aus war, etwas Neues zu entdecken – und zwar den Himmel. Der

Körper in dem Sarg glich so wenig meinem lebhaften Großvater; es fiel mir schwer ihn zu betrauern. Ich konnte mich nicht erinnern, ihn länger als ein paar Sekunden im Stillstand gesehen zu haben. Ich weiß auch nicht, ob ich je erlebte, dass seine Wangen glatt rasiert waren. Ich weiß aber, dass ich ihn nie ansah, ohne das Glitzern in seinen strahlend blauen Augen zu bemerken.

Vielleicht tröstete mich das Erbe, das Opa Hanson zurückließ. Einige von uns erbten Großvaters Augenfarbe, andere seinen robusten Körperbau. In meiner Kindheit sagte meine Mutter oft zu mir: „Du bist genau wie Opa Hanson." Der Ton ihrer Stimme verriet, dass das sowohl ein Kompliment als auch eine Klage war. Mich erfüllte jedoch Stolz bei dem Gedanken, dass ich einem Mann ähnelte, der für mich eine der größten Persönlichkeiten aller Zeiten war.

Heute Morgen, als ich zu meinem einjährigen Sohn ging, um ihn aus seinem Bettchen zu holen, warf er seine Decke gegen mich, strahlte mich spitzbübisch mit seinen großen blauen Augen an und überschüttete mich mit einem Kauderwelsch, als wolle er sagen: „Wo bist du so lange geblieben?" Als er mit seinem Fläschchen gegen das

Bett schlug, kam es mir vor, als sähe ich Großvater wieder vor mir, und ich musste gleichzeitig lachen und weinen.

*Walter Feldkirch*

## Der größte Wunsch

Fast in jedem Andenkenladen des berühmten Kurortes konnte man den Spruch finden. In goldenen Buchstaben prangte er auf braunem Plastikuntergrund: „Alle Wünsche werden klein gegen den, gesund zu sein."

Ich beobachtete eine ältere Frau, die diesen Spruch als Reiseandenken kaufte. Und während sie an der Kasse bezahlte, waren sie und die Verkäuferin sich einig: „Wie wahr ist das!"

Gesund sein als der größte Wunsch – gilt das auch für Jünger Jesu?

Als ich in der Vollkraft meiner Jahre war, habe ich mit Überzeugung gegen dieses Wort gesprochen. Ich sagte etwa so: „Es kommt nicht in erster Linie darauf an, dass wir gesund sind, sondern dass wir als Gotteskinder das Ziel des Glaubens erreichen, ihn zu schauen. Lieber krank, aber Jesu Eigentum, als gesund und in Sünden verloren.“ Ja, war es nicht oft gerade die Krankheit, die Menschen zur Heilsgewissheit führte; und das Leid, das vor Sünde bewahrte und Heiligung und Treue bewirkte?

Das war damals meine Meinung, und – hatte ich nicht Recht?

Aber dann kam mit den Jahren das Alter, und mit dem Alter die mancherlei Beschwerden und Belastungen. Es stellten sich die Grenzen ein, mit denen es galt, fertig zu werden. Und nun wünschten wir uns, was so viele betagte Ehepaare erhoffen: dass wir noch ein paar Jahre einigermaßen gesund beieinander bleiben könnten.

Eines Tages – es war im Herbst 1981 – stellte sich dann eine schwere Krankheit ein. Woche um Woche lag ich danieder, bis der Hausarzt die Verantwortung nicht mehr tragen konnte und mein Weg ins Krankenhaus führte. Und wieder kam mir der Spruch in den Sinn: „Alle Wünsche werden klein gegen den, gesund zu sein.“ Und ich ertappte mich dabei, wie dieser Wunsch mit einem Mal all mein Denken beherrschte. Zumal die Adventszeit angebrochen war und ich Weihnachten so gern wieder zu Hause gewesen wäre, um dieses Fest nach alter Weise mit der ganzen Familie zu feiern. Ich wünschte mir so brennend: noch einmal wieder gesund werden, um den Ruhestand mit den Meinen zu genießen. Noch einmal wieder gesund werden, um am Schreibtisch sitzen und arbeiten zu können. Noch einmal wieder gesund werden, um Daniel, meinem dreijährigen Enkel, eine Geschichte vorzulesen. Noch einmal gesund werden, um ...

Ich erinnere mich an einen Nachmittag im Krankenhaus. Die Mitpatienten meines Zimmers waren auf dem Korridor, um eine Fußballübertragung zu sehen. Ich war allein. Im Radio wurde die Bachkantate „Was Gott tut, das ist wohlgetan" gesendet. Und ich weiß noch, wie ich unter Tränen mit Gott redete: „Herr, ich möchte so gerne leben! Wenn du mich heimholen wolltest – es wäre mir zu schwer, zu sagen: ‚Was Gott tut, das ist wohlgetan.' Lass mich doch hören, was du dem todkranken Hiskia sagtest: ‚Ich habe dein Gebet gehört und deine Tränen gesehen. Siehe, ich will dich gesund machen' (2. Kön. 20,5)."

Und dann stand eines Tages der Professor mit seinem Gefolge von mehr als einem halben

Dutzend Ärzten vor meinem Bett und eröffnete mir: „Wir werden Sie operieren!“ Wer je davon betroffen war, kann nachempfinden, was das bedeutet und welche Flut von Befürchtungen, Ängsten und Hoffnungen diese Nachricht auslöst.

Aber was dann in den kommenden Tagen und besonders in der Nacht vor der Operation geschah, kann ich nur als Kette von Gotteswundern bezeichnen, die wohl ausgelöst wurden durch die treue Fürbitte vieler Brüder und Schwestern. Ich wurde allmählich ganz ruhig und getrost, ergeben in den Willen Gottes. Ich lernte, wenn auch unter Kämpfen, zu sagen: „Was Gott tut, das ist wohlgetan!“, und konnte beten: „Herr, dein Wille geschehe!“

Wieder dachte ich an den Spruch: „Alle Wünsche werden klein gegen den, gesund zu sein.“ Und seltsam! Der große Wunsch, gesund zu werden, war auf einmal nicht mehr so groß, so absolut zwingend und beherrschend. Gewiss wollte ich wieder gesund werden, wenn Gott es so fügte, aber vor meiner Seele standen auch die leuchtenden Bilder der „hochgebauten Stadt“ Jerusalem mit ihren goldenen Gassen und all die anderen Aussagen des letzten Buches der Bibel, die von der ewigen Herrlichkeit handeln. Nun konnte ich es dem Apostel Paulus nachempfinden, der bereit war zum Bleiben und zum Heimgehen.

Als man mich in den Operationssaal fuhr, wusste ich mich geborgen in den starken Heilandshänden.

Das muss ich noch anfügen: In diesen Tagen des inneren Ringens erinnerte ich mich an ein Erlebnis vor vielen Jahren. Ich war als junger Prediger in Ostfriesland. Meine Frau und ich fuhren auf Rädern einen schmalen Weg am Kanal. Unsere kleine Tochter saß vor mir auf dem Kindersattel. Plötzlich kam ihr Füßchen in die Speichen des Fahrrades. Das Rad kippte um, und Gunda flog im hohen Bogen ins Wasser. Wir sprangen nach und rissen sie ans Ufer. „Aber Kind, fast wärst du uns ertrunken!“, rief atemlos die Mutter und drückte das nasse Mädchen an sich. Gunda jedoch antwortete: „Das macht doch nichts. Dann bin ich ja im Himmel!“

„Das ist wahr“, meinte ich, „aber wir möchten dich noch gern bei uns haben!“

Wie musste ich doch kämpfen, bis mir in Alter und Krankheit ein solch kindlicher Glaube geschenkt wurde!

Zu den Wundern Gottes gehört auch diese Erfahrung: Er ließ die Operation gelingen und holte mich vom Rande des Todes zurück. Er schenkte mir neu das Leben. Sollte ich ihm dafür nicht täglich danken? Nun weiß ich: Jeder Tag ist ein Geschenk! Und Geschenke verpflichten.

# Teil IV: Gottes Wege …

*Jürgen Werth*

## Begegnung der göttlichen Art

Es gibt Begegnungen, die vergisst du nicht. Begegnungen und Gespräche. Es gibt Begegnungen, die stellen alles auf den Kopf. Das Koordinatensystem deiner Einstellungen und Überzeugungen gerät ins Trudeln. Du bist im wahrsten Sinne des Wortes erschüttert. Vielleicht ziehst du dich erst einmal eine Weile zurück, um Ordnung in deine wirren Gedanken und Gefühle zu bringen, vielleicht suchst du sofort einen Menschen, dem du von dieser Begegnung erzählen kannst. Das hängt nicht zuletzt von deiner Seelenlage ab.

Doch egal welche Begegnungen und Gespräche dir jetzt durchs Hirn purzeln – so etwas wie Maria hast du bestimmt noch nie erlebt. Maria, die junge Frau aus dem Nest Nazareth in den Bergen Galiläas. Ein Engel war zu ihr gekommen. Nicht einfach irgendein Engel, sondern der Engel Gabriel persönlich. Und er hatte ihr gesagt, dass sie ein Kind bekommen würde. Ein Kind von Gott. Ein Kind, dem sie den Namen Jesus geben soll und das „Sohn des Höchsten" genannt werden wird. Immer wieder hallten diese Worte in ihr nach: „Gott, der Herr, wird ihn auf den Thron seines Vorfahren David erheben, und er wird für immer über die Nachkommen Jakobs regieren. Seine Herrschaft wird nie zu Ende gehen."

Und als wäre das noch nicht genug gewesen, hatte der Engel noch eine zweite sensationelle Nachricht draufgesetzt: „Auch Elisabeth, deine Verwandte, bekommt einen Sohn – trotz ihres Alters. Sie ist bereits im sechsten Monat. Und es hieß doch von ihr, sie könne keine Kinder bekommen. Für Gott ist nichts unmöglich."

Was tust du nach solch einer Begegnung? Was tat Maria? Maria machte sich auf den Weg, auf den Weg zu Elisabeth. Das war kein Spaziergang. Elisabeth wohnte nicht gerade um die Ecke. Sie wohnte in der Nähe von Jerusalem. Zu Fuß oder per Esel war man da ein paar Tage unterwegs. Das wird eine wichtige Wanderung gewesen sein, ein Weg, auf dem sich all die wirren Gedanken und Gefühle allmählich gesetzt haben. „Ich bin von Gott auserwählt", wird sie sich immer wieder gesagt haben. „Ich, das unbedeutende Mädchen aus Nazareth. Ich soll Gottes Sohn zur Welt bringen." Aber das Staunen wird dabei immer größer geworden sein. Und als sie dann endlich bei Elisabeth ankommt, fällt die Begrüßung höchst ungewöhnlich aus. „Wie komme ich zu der Ehre, dass die Mutter meines Herrn mich besucht?", sagt Elisabeth.

Und dann in den kommenden Tagen und Wochen formt sich in Marias Herzen eines der schönsten Lieder, das die Bibel überliefert. Das berühmte Magnificat, der Lobgesang Marias. Sie kann nicht anders als beten und singen und staunen. Sie kann nicht anders als loben und anbeten. Und sie preist Gott mit Worten, die bis heute nichts an Tiefe und Schönheit verloren haben. Lesen Sie es doch einmal nach: Lukasevangelium Kapitel 1, ab Vers 46.

Maria ahnt, dass eine neue Zeit beginnt, dass man die Weltgeschichte künftig in Vorher und Nachher einteilen wird. Maria ahnt, dass die Mitte der Zeit bevorsteht. Ihr Lied, ihr Lobgesang, kommt aus tiefstem Herzen. Sie hat selbst erlebt, was sie hier besingt. Zum Beispiel das: „Er stößt die Gewaltigen vom Thron und erhebt die Niedrigen.“ Gott lässt sich nicht von äußerem Glanz beeindrucken. Gott sieht die, die von den Mächtigen allzu oft übersehen werden, die von ihnen vielleicht sogar in den Staub gedrückt werden. Aber ihre Macht ist begrenzt. Irgendwann werden sie vom Thron gestoßen. Wer sich Macht und Einfluss erkauft, erkämpft und ergaunert, wird eines Tages mit leeren Händen dastehen. Nur was Gott schenkt, gehört uns wirklich. Der Gott, der einen Blick für die Unbedeutenden hat und unendlich viel Liebe.

*Mike Yaconelli*

## Auserwählt

Als ein Junge auf seinem Schulweg an einem Zoogeschäft vorbeikam, blieb er stehen und starrte durch das Fenster. Innen spielten vier schwarze Welpen miteinander. Nach der Schule rannte er nach Hause und bestürmte seine Mutter, dass er einen der Welpen haben wolle. „Ich werde mich um ihn kümmern, Mama, ganz bestimmt. Wenn du mir nur einen Vorschuss von meinem Taschengeld gibst, dann habe ich genug Geld, um ihn selbst zu kaufen. Bitte, Mama, bitte."

Die Mutter, die sehr genau wusste, welchen Aufruhr ein neuer Welpe in einem geschäftigen Haus bedeutete, konnte ihrem Sohn diesen Wunsch nicht abschlagen. „Okay, du darfst diesen Welpen haben, aber ich erwarte, dass du dich um ihn kümmerst."

„Ja, Mama, das werde ich." Voller Begeisterung lief der kleine Junge zum Zoogeschäft, um seinen neuen Hund zu kaufen.

Nachdem der Besitzer festgestellt hatte, dass der Junge genug Geld hatte, brachte er ihn zum Fenster, damit er sich einen Welpen aussuchen konnte. Nach ein paar Minuten sagte der Junge: „Ähm ... ich nehme den kleinen in der Ecke."

„O nein", sagte der Ladenbesitzer, „nicht diesen, der ist verkrüppelt. Sieh mal, wie er da sitzt. Da ist was mit seinem Bein nicht in Ordnung, darum kann er nicht mit den anderen rennen und spielen. Such dir einen anderen aus."

Ohne ein Wort bückte sich der Junge, hob sein Hosenbein hoch und ließ den Besitzer eine Metallschiene an seinem Bein sehen.

„Nein“, beharrte er, „ich nehme den Welpen in der Ecke.“

Genau das, was den Welpen disqualifiziert hatte, von anderen ausgewählt zu werden, hatte ihn dafür qualifiziert, dass der kleine Junge ihn wählte.

Es ist erstaunlich, wie wenige von uns an die uneingeschränkte Gnade Gottes glauben. O ja, Gott liebt uns – so lange wir sauber und heil und gesund sind. Aber es stellt sich heraus, dass genau das, was uns für „Geistlichkeit“ disqualifiziert – das Chaos und die Wunden in unserem Leben –, uns am meisten dafür qualifiziert, von Jesus auserwählt zu werden.

*Jürgen Werth*

## In Jeans unter Fräcken

Die Redaktion der Westfälischen Rundschau in Hagen hatte mich zu einem Termin geschickt. Die Herren Redakteure hatten keine rechte Lust verspürt. Ich war Volontär. Mit mir konnte man es ja machen. So setzte ich mich in mein kleines

Auto und suchte die Straße, in der das Ereignis stattfand. Block und Kugelschreiber lagen auf dem Beifahrersitz und natürlich die Einladung an die „Sehr verehrten Damen und Herren der Westfälischen Rundschau“. Hingehen, sich kundig machen, zuhören, mitschreiben und dann später in der Redaktion einen kleinen Artikel verfassen – das war ein überschaubares Arbeitspensum. So lief das bei jedem dieser „Termine“.

Doch schon als ich mich meinem Ziel näherte, wurde ich ein bisschen nervös. Lauter große schwarze Autos am Straßenrand. Da war kaum noch Platz für meinen leicht angerosteten Renault Dauphine. Noch nervöser wurde ich, als ich den Veranstaltungsraum betrat. Die großen schwarzen Autos draußen gehörten zu schicken schwarzgefrackten Herren drinnen. Ich hatte eine Jeans an und ein buntes Hemd mit kurzen Ärmeln.

Mein Auto draußen vor der Tür muss etwas Ähnliches empfunden haben wie ich hier drin: Hier passe ich beim besten Willen nicht hin. Geringschätzige Blicke von links und rechts und zwischendurch immer wieder mein verlegenes „Entschuldigung, ich komme von der

Westfälischen Rundschau“. Was immerhin für ein bisschen Entspannung sorgte. Na ja, irgendwann war es dann vorbei. Ich saß wieder entspannt und erleichtert unter meinesgleichen in den Redaktionsbüros. Einem Kollegen habe ich gesagt: „Da bin ich mir irgendwie vorgekommen wie ein Außerirdischer.“

Vielleicht kennen Sie ähnliche Situationen. Sie sind hoffnungslos overdressed. Alle in Jeans und T-Shirt. Nur Sie in Anzug und Krawatte. Oder Sie sind hoffnungslos underdressed, so wie ich damals bei meinem Termin. Das ist immer ein bisschen peinlich. Schlimm genug. Schlimmer aber ist das Gefühl, nicht dazuzugehören, die falschen Klamotten zu tragen, die falsche Sprache zu sprechen, den falschen Glauben zu glauben. Das alte Sprichwort bestätigt sich jeden Tag aufs Neue: Gleich und Gleich gesellt sich gern.

Kein Problem, wenn du zu den Gleichen gehörst. Aber ein großes Problem, wenn du anders bist. Dann kann es dir leicht passieren, dass du ausgegrenzt und ausgeschlossen wirst.

Doch da meldet sich Gott zu Wort. Der Gott, der sich schon immer gerne um die Ausgegrenzten und Ausgeschlossenen gekümmert hat, der sich auf die Seite der Schwachen und Verachteten gestellt hat. Im 2. Buch Mose schreibt er seinem Volk ins Stammbuch: „Denn die Fremdlinge sollt ihr nicht unterdrücken; denn ihr wisst um der Fremdlinge Herz, weil ihr auch Fremdlinge in Ägyptenland gewesen seid." Das ist ja wahr: Warst du erst mal selber ausgegrenzt und ausgeschlossen, hast du vielleicht mehr Verständnis für die Ausgegrenzten und Ausgeschlossenen in deiner Umgebung. Aber wir Menschen sind ja so vergesslich ...

In der Psychologie spricht man zuweilen vom „Abteileffekt". Stell dir ein Abteil in einem Eisenbahnwaggon vor. Vier Plätze sind besetzt, zwei sind frei. Du stehst an der Tür und möchtest hinein. Die anderen machen dir mehr oder weniger unverhohlen deutlich, dass sie bitteschön doch lieber unter sich bleiben möchten. Das ist „ihr" Abteil und mit vier Personen auch schon ganz schön besetzt. Du lässt dich nicht schrecken und setzt dich auf einen der freien Plätze. Bis eben hast du nicht dazugehört. Jetzt aber gehörst du dazu. Steht der Nächste an der Tür und möchte auf den letzten freien Platz, reagierst du wie alle anderen auf den Sitzen. Du machst unverhohlen deutlich, dass das „euer“ Abteil ist und der Fremde draußen sich gefälligst nach einem anderen Sitzplatz umsehen sollte.

Gott sagt: Vergesst nicht, dass ihr auch draußen gewesen seid, ihr Israeliten damals in Ägypten. Darum kümmert euch heute um die, die draußen sind, um die Fremdlinge, um die, die eine andere Hautfarbe haben, um die, die eure Sprache nicht so gut sprechen, um die, die gewöhnungsbedürftige Lebensgewohnheiten haben. Kümmert euch um sie. Liebt sie mit derselben Liebe, mit der ich euch liebe. Unterdrückt sie nicht. Nehmt sie auf. Nehmt sie hinein.

Der Verfasser des Hebräerbriefs setzt noch eins drauf. Es könnte ja sein, so vermerkt er, dass ihr dabei Engel aufnehmt.

*Marilyn Meberg*

## Zehntausend Schmetterlinge – oder mehr

Letzte Woche, auf dem Weg zum „Elterntreff“ in Pacific Grove in Kalifornien, entdeckte ich eines jener herrlichen „Extras“, die das Leben so interessant machen. Bevor ich davon erzähle, muss ich jedoch ein paar Erklärungen vorausschicken.

Meine Tochter Betty, ihr Mann Steve, ein Golflehrer, und mein entzückender, siebzehn Monate alter Enkel Ian wohnen in Carmel, einer Stadt in Kalifornien, etwa neun lange Autostunden von der Großmutter entfernt. Als Ian sechs Tage alt war, ging Betty mit ihm in der Nachbarstadt Pacific Grove zu einer Veranstaltung für Mütter und ihre kleinen Kinder, dem „Elterntreff“, den sie seitdem regelmäßig jede Woche besucht. Die Kleinen sind Mamas Armen inzwischen entwachsen und krabbeln auf dem Teppich herum, torkeln umher und brabbeln in ihre Kindertelefone; sie klettern auf kleine Plastikstühlchen, und manchmal schlagen sie mit den Gegenständen, die sie gerade in der Hand halten, auch aufeinander ein. Weil ich beim ersten Treffen kurz nach Ians Geburt dabei war, freute ich mich darauf, wieder einmal hinzugehen und zu sehen, wie die Kleinen in der Zwischenzeit gewachsen waren und wie sie sich entwickelt hatten. Auf dem Weg zu diesem Treffen war es, dass ich mein Extraerlebnis hatte.

Wir schlängelten uns durch verschiedene baumbestandene Straßen, als ich plötzlich ein Verkehrsschild entdeckte, auf dem es hieß: VORSICHT! SCHMETTERLINGSZONE! Ich war entzückt, aber auch etwas verwirrt.

„Betty, hast du das Schmetterlingsschild gesehen? Weißt du, was das bedeutet? Wieso soll man vorsichtig sein wegen Schmetterlingen? Sind sie bösartig?"

Sie erklärte mir daraufhin, dass Pacific Grove eines der wenigen Gebiete ist, in denen der Monarchfalter, eine tropische Schmetterlingsart, den Winter verbringt, und dass die Gegend, durch die wir gerade fuhren, einer ihrer liebsten Aufenthaltsorte ist.

„Aber ist das ein Grund, ein Schild aufzustellen und die Autofahrer zur Vorsicht zu mahnen?"

„Mama, vom ersten Oktober bis Ende November können hier buchstäblich Tausende von Schmetterlingen unterwegs sein zu den Wäldern, in denen sie überwintern. Wenn du nicht aufpasst, kannst du sie verletzen oder sogar töten."

Ich dachte darüber nach, während wir weiterfuhren. Die zuvorkommende Rücksichtnahme der Stadtbewohner auf das Wohlergehen dieser schönen, aber auch verletzlichen Geschöpfe beeindruckte mich. Gleichzeitig machte sie mich aber auch neugierig, sodass ich später bei der Handelskammer von Pacific Grove anrief und mich erkundigte, was man sonst noch für den Monarch tat.

Man erklärte mir, es gebe eine städtische Verordnung, die hohe Geldstrafen für jeden vorsehe, der dabei erwischt werde, wie er die Sicherheit der Schmetterlinge in irgendeiner Weise gefährde. Außerdem ist es Tradition, dass sich am ersten Samstag im Oktober jedes Kindergarten- und Vorschulkind als Monarch verkleidet und die ganze Stadt die Heimkehr der Schmetterlinge mit einer großen Parade feiert. Ich fragte, wie viele Schmetterlinge den manchmal dreitausend Kilometer langen Weg nach Pacific Grove zurücklegten. Sie erwiderte fröhlich, bis jetzt seien es wohl um die Zehntausend, aber es kämen noch mehr, und fügte hinzu: „Die Schmetterlinge sind uns sehr wichtig." Ich freute mich über diese Bemerkung und mein neu erworbenes Wissen und dachte noch ein Weilchen darüber nach.

Die Schöpfung ist voll ungeahnter Vielfalt und überwältigender Schönheit. Das Feine,

Komplizierte, Verletzliche zeugt genauso vom Reichtum des Schöpfers wie das Starke, Mächtige. Es ist so wichtig, dass wir uns nicht nur um die Bedürfnisse der Menschen kümmern, die diese Erde bevölkern, sondern auch um die Bewahrung der unzähligen Geschöpfe, die zur Schönheit und zum Gleichgewicht der uns von Gott gegebenen Welt beitragen. Ich muss mich immer wieder daran erinnern lassen, dass er sie in seiner „Weisheit" geschaffen hat, und ich ehre ihn, wenn ich all die Geschöpfe dieser Erde ehre – die Menschen, die Tiere, die Blumen, die Bäume – und auch die zehntausend Schmetterlinge, die sich in diesen Bäumen verstecken.

*Jürgen Werth*

## Auf dem Abstellgleis

Mensch, war ich müde. Schon nach zwei Stationen fielen mir die Augen zu. Als ich sie wieder aufschlug, fuhr mein Zug gerade aus dem Bahnhof heraus, an dem ich hätte umsteigen sollen. Auch das noch. Die nächste Station lag zum Glück nur ein paar Kilometer hinter der verschlafenen. Schnell raus und einen Blick auf den Fahrplan. Zum Glück stand auf dem gegenüberliegenden Gleis ein Zug, der mich in ein paar Minuten zurückbringen würde. Eigentümlich war es schon, aber das kann ja passieren. Pünktlich setzte sich mein Zug in Bewegung. Allerdings ein bisschen langsamer als üblich und auf ungewöhnlich holprigen Gleisen. Komisch, er gewann nicht an Fahrt, im Gegenteil, er wurde immer langsamer. Nach drei oder vier Minuten blieb er ganz stehen. Als ich aus dem Fenster schaute, blickte ich in die Augen eines Bahnarbeiters, der gerade aus der Lok geklettert kam: „Was machen Sie denn da?“, fragte er mich, „wir sind hier auf dem Abstellgleis.“ Der Irrtum klärte sich schnell auf. Der erste Teil des Zuges war dorthin gefahren, wohin ich wollte, der zweite abgehängt und abgestellt worden. Zum Glück hatte der Bahnarbeiter seinen guten Tag und fuhr mich mit der Lok zurück zum Ausgangspunkt. Von dort ging’s dann mit dem richtigen Zug glücklich dahin, wo ich eigentlich hätte aussteigen und umsteigen sollen. Eine gute Stunde später war ich schließlich da, wohin ich wollte.

Eigenartig, wenn man aufs Abstellgleis gerät, denke ich noch heute manchmal. Nur gut, wenn du dann einen Menschen hast. Was nicht nur für Bahnhöfe gilt. Ich habe mir jedenfalls vorgenommen, die Abstellgleise des Lebens etwas aufmerksamer zu beobachten. Lernen kann ich dabei von einem, der eine Schwäche für Menschen auf Abstellgleisen hatte: Jesus von Nazareth. Wie sagte er doch einmal: „Nicht die Gesunden brauchen den Arzt, sondern die Kranken.“

# Teil V: … sind wunderbar

*Martina Merckel-Braun*

## Unendlich wertvoll!

Ein Pastor hielt während der Predigt einen Hundertdollarschein in die Höhe und fragte seine Zuhörer: „Wer von euch hätte gern diesen Geldschein?“

Fast alle riefen: „Ich, ich!“, oder sie hoben die Hand. Nun fuhr der Pastor fort: „Nun stellt euch einmal vor, ich knülle ihn zusammen und werfe ihn dort in die Ecke. Würdet ihr den Schein trotzdem haben wollen?“

„Ja, natürlich!“, riefen die Zuhörer und nickten eifrig.

„Gut, und nun stellt euch vor, ich werfe den Schein draußen auf dem Parkplatz auf den matschigen Boden und trete mit dem Fuß darauf. Dann lege ich ihn vor meinen Wagen und fahre mit dem Reifen darüber. Nun ist er nass und voller Schmutz und Reifenspuren. Möchte ihn trotzdem noch jemand von euch haben?“

„Ja, ich!“

„Sicher, keine Frage!“, riefen die Zuhörer wild durcheinander.

„Wisst ihr, was der Grund dafür ist?“, fragte der Pastor und setzte schmunzelnd hinzu: „Mal abgesehen davon, dass ihr ein geldgieriger Haufen seid! – Ich will es euch sagen: Der Grund ist, dass dieser Hundertdollarschein nichts von seinem Wert eingebüßt hat. Auch wenn er nass, zerknittert und dreckig ist – sein Wert beträgt immer noch hundert Dollar. Und jetzt kommt das Wichtigste: Ganz genau so verhält es sich auch mit uns Menschen. Was jeder Einzelne von uns wert ist, das hat Gott dadurch gezeigt, dass Jesus sein Leben für uns gegeben hat. Und egal, wie beschmutzt und mitgenommen und erbärmlich wir in unseren eigenen Augen und denen unserer Mitmenschen auch sein mögen – für Gott sind wir unendlich wertvoll!“

*Jürgen Werth*

## Arme Leute, reiche Leute

„In vier Wochen wollen wir ein besonderes Opfer für eine arme Familie zusammenlegen!“, hatte der Pastor angekündigt. „Lasst euch etwas einfallen. Und spart ein bisschen!“

Ocy, Eddie und Darlene hörten es mit Spannung. Und bombardierten ihre Mutter nach dem Gottesdienst gleich mit Vorschlägen. Dabei hatten sie selbst kaum genug zum Leben. Papa war vor fünf Jahren gestorben und hatte Mama mit sieben Kindern und ohne Geld zurückgelassen. Jetzt schrieb man das Jahr 1946. Und Mama hatte „nur“ noch drei Töchter zu versorgen.

Aber sie wollten dieser armen Familie helfen. Kauften darum gleich am nächsten Tag einen Sack mit 50 Pfund Kartoffeln, um davon einen Monat lang zu leben. Ersparnis: 20 Dollar für Lebensmittel. Und sie beschlossen, das Licht früher zu löschen und kein Radio mehr zu hören. Das würde die Stromrechnung senken. Und jede der Töchter ging in der Nachbarschaft putzen oder babysitten. Und am Abend häkelten sie kleine Topfuntersetzer, die sie für 30 Cent das Stück verkauften.

Nach vier Wochen tauschten sie ihr Erspartes und Verdientes um in druckfrische Scheine. 70 Dollar! Stolz und glücklich legten sie am Sonntag ihr Geld in den Kollektenteller. Sie konnten helfen, eine arme Familie glücklich zu machen. Sie waren *reich*.

Am Nachmittag kam unerwartet der Pastor zu Besuch. Und überreichte ihnen strahlend einen Briefumschlag. Für *sie* hatte man in der Gemeinde gesammelt! – Wie benommen öffneten sie den Umschlag: Heraus fielen „ihre" 70 Dollar und 17 weitere Ein-Dollar-Scheine.

Es war wie ein Schock: SIE waren die arme Familie! *Sie* waren *arm*! Die anderen hatten es schon immer gewusst. Und sie wussten es nun auch. Und das Geld – was sollten sie mit dem Geld anfangen? Sie hatten nie so viel Geld gehabt.

Da trat am folgenden Sonntag ein Missionar aus Afrika auf die Kanzel ihrer Gemeinde. Er erzählte, die meisten kleinen Kirchen dort hätten kein Dach als Schutz gegen die Sonne und gegen den Regen. Dabei koste so ein Dach nur rund 100 Dollar. Natürlich wurde anschließend für ein Kirchendach gesammelt. Mama, Ocy, Eddie und Darlene sahen einander an und waren sich sofort einig: *Hier* würden sie ihre 87 Dollar ausgeben!

Am Ende des Gottesdienstes waren „etwas über 100 Dollar“ zusammengekommen. Der Missionar war überglücklich. Eine solche Kollekte hatte er nicht erwartet. „In dieser Gemeinde muss es ein paar wirklich reiche Leute geben!“, sagte er.

Strahlend und singend zog die kleine Familie anschließend nach Hause. *Sie* waren die reichen Leute. *Sie* hatten 87 „von etwas über 100 Dollar“ gegeben. *Sie* waren *reich*!

*Martina Merckel-Braun*

## Der Birnenkern

In diesem alten chinesischen Märchen geht es um einen armen Mann namens Ching, der bei dem Versuch erwischt wird, eine Pfeife zu stehlen. Zur Strafe muss er für einige Monate ins Gefängnis. Um diese Zeit nicht verbüßen zu müssen, ersinnt er eine List: Er ersucht um eine Audienz beim Kaiser und bietet diesem ein ganz besonderes Geschenk an: einen Birnenkern, aus dem ein Baum mit goldenen Früchten werden soll. Der

Kaiser fragt Ching erstaunt, warum er den Kern nicht selbst einpflanze, worauf Ching erwidert, der Kern dürfe nur von einem Menschen in die Erde gesetzt werden, der in seinem Leben noch keine Sünde begangen habe. Nun wiegt der Kaiser nachdenklich den Kopf und gibt zu, dass er einmal als Kind sehr ungezogen zu seiner Mutter gewesen und daher nicht der Richtige sei. Er empfiehlt Ching, zum ersten Minister zu gehen, einem durch und durch ehrlichen Menschen. Doch auch dieser bekennt, keine völlig reine Weste zu haben, und schickt Ching zum Obersten Richter. Dieser gesteht ebenfalls, dass er nicht würdig ist, den Kern einzupflanzen, und Ching wird noch zu einigen anderen scheinbar unbescholtenen Männern gesandt. Aber jeder Einzelne von ihnen räumt ein, schon mindestens einmal im Leben etwas Unerlaubtes getan zu haben. Schließlich lässt sich Ching erneut zum Kaiser führen und berichtet ihm das Erlebte. Ching bittet den Kaiser schließlich darum, ihn zu begnadigen; er ist der Meinung, dass er zu Unrecht im Gefängnis sitzt, da doch auch all die anderen schon einmal gegen das Gesetz verstoßen haben und dennoch frei herumlaufen. „Nein, Ching“, entgegnet der Kaiser,

„du bist nicht zu Unrecht hier, denn du hast die Tat, für die du verurteilt wurdest, ja wirklich begangen. Man könnte höchstens sagen, dass die anderen zu Unrecht frei sind." – „Das stimmt, ehrwürdiger Herrscher", bestätigt Ching und senkt beschämt den Kopf. – „Aber weißt du, Ching, ich begnadige dich trotzdem", fährt der Kaiser fort. „Nicht, weil du es verdient hättest, sondern weil ich Barmherzigkeit walten lassen möchte. Nun sag mir nur noch eins: Dein Birnenkern, das war doch ..." – „Ein ganz gewöhnlicher Birnenkern, großer Kaiser", flüstert Ching. – „Hab ich's mir doch gedacht!" Der Kaiser grinst und nickt seinem Untertanen freundlich zu. „Aber geh nur, Ching. Ich bin dir nicht böse, denn du hast uns allen eine wichtige Lektion erteilt."

*Jan Vering*

## Der Teppichhändler

Mit fast königlicher Geste wirft er uns seine Schätze zu Füßen, Stück für Stück entrollt er seine Teppiche und wirbelt sie mit Schwung um die

Hand, lässt dann los, sodass sie in vollster Pracht auf den Steinfliesen vor uns landen, sich türmen und bauschen, die Botschaft ihrer jahrhundertealten Ornamente entfalten. Alte und neue, aus der nördlichen Osttürkei kommen sie, wo er sie den Frauen abkauft, die sie zu ihren eigenen Hochzeiten geknüpft haben, oder zu den Hochzeiten von Verwandten. Erst zehn bis fünfzehn Jahre nach der Hochzeit darf eine Frau diesen Teil ihrer Mitgift veräußern, die Teppiche haben eine Art Rentenfunktion.

Dann zeigt er Seidenteppiche, kleiner im Format – „nur junge Mädchen können die knüpfen, weil man kleine Hände braucht für diese winzigen Knoten".

Ich hatte ihm deutlich gesagt, dass wir nichts kaufen wollten, als er uns einlud, – nachmittags auf der Terrasse des Campingplatzes, wo er an meinen Tisch kam, mir in die Schreibmaschine äugte und wissen wollte, wie meine Eindrücke von seinem Land seien. Schnell ergab sich ein längeres Gespräch über Wirtschaft und Politik der Türkei; er ist ein weitgereister Mann, mit einer Engländerin verheiratet und einem Geschäft in London, seine Ansichten sind spannend und ungewöhnlich in einem Land, wo die meisten Menschen kaum über die Belange ihres engsten Lebenskreises hinausdenken wollen und können.

Margret Knoop-Schellbach sitzt neben mir in seinem Laden, ihr Malerauge trinkt förmlich den ganzen Reichtum der Farben – „dieses Blau macht man aus Auberginenschalen, und das Schwarz da aus Graswurzeln, und jenes Grün aus Spinat“ – sie schaut und fühlt und fragt. Er merkt ihre Kompetenz, das Gespräch weitet sich aus, Familie, Glauben, Kunst – sein britischer Schwiegervater ist Architekt und Maler; er versteht ihre Fragen, fragt selber zurück – ist das nun besonders geschickte Verkaufsstrategie oder privates Interesse, oder mischt sich beides?

„Was sind eigentlich Kelim-Teppiche?“, fragen wir ihn, Margrets Freunde in Istanbul sammeln diese spezielle Teppichart, aber ich habe so was noch nie gesehen. In einer Ecke hat er einen ganzen Stapel davon, breitet einige über dem entstandenen Teppichberg aus – ich bin enttäuscht, diese graubraunen, deckenartigen Webteppiche sind viel unscheinbarer als die bisher gesehenen, ihre Muster wirken hölzern und steif. Er erklärt uns die Herkunft und Machart seiner Kelims, und plötzlich, mit einem kleinen Lachen, greift er unter seinen Stapel, zieht ein rot-braun-grünes Stück hervor, wirft es breit auf den Boden. Wie eine kreative Explosion springt dieser Kelim uns entgegen, farbig und überreich: Die ganze Schöpfung ist gewebt, Tiere und Bäume und Pflanzen in sehr ungewöhnlichen Formen, originell und gleichzeitig kindlich einfach, mit verspielter Lust am Fabulieren, und mit sicherem künstlerischen Farb-Instinkt. Um einen rot-braunen Lebensbaum herum entwickelt sich die ganze Welt, es ist ein Gott-hält-die-ganze-Welt-in-der-Hand-Teppich, ein geknoteter Lobpreis des Schöpfers, voller Freude und Glück.

So einen schönen Teppich habe ich noch nie gesehen, Margret und ich schauen uns an, empfinden beide genau das Gleiche; alle Vorsätze, keinen Teppich zu kaufen, weil die schmale Reisekasse das nicht verkraftet, schmelzen wie Schnee in der Sonne, schließlich haben wir noch den Reserve-Euroscheck. Bloß nichts anmerken lassen – ach was, viel zu spät, der Teppichhändler weiß längst, was los ist, er weiß, dass eine Malerin, die seit mehr als fünfzig Jahren kein anderes künstlerisches Thema hat, als Gottes Welt zu gestalten und den Schöpfer zu loben mit Farben und Formen, dass so eine Frau diesem Traum-Teppich nicht widerstehen kann. Er lacht, freut sich an unserer Freude, spürt wohl etwas davon, dass hier zwischen dem Geist und dem Handwerk irgendeines anonymen türkischen Mädchens und der norddeutschen Künstlerin eine wirkliche Begegnung passiert – und als das Handeln, das Hin- und Herfeilschen vorbei ist, da hat er einen sehr akzeptablen Preis gemacht, nur ein Preislein eigentlich, den unser Reserve-Scheck gut verkraftet. Ist es Freundlichkeit oder Cleverness oder ist es doch noch ein ziemlich guter Preis für ihn? Egal, soviel Freude, wie in diesem Teppich steckt, kann man mit Geld gar nicht bezahlen.

„Ist es nicht eigentlich für Moslems verboten, Tiere und Pflanzen abzubilden?“, frage ich ihn. „Eigentlich ja“, sagt er, „aber manchmal ist die Schöpfung so wunderbar, dass das Loben Gottes wichtiger ist als die Verbote.“

*Friederike Tegge*

## Wenn ich danke, hat die Freude Vorfahrt

Ich liebe Grünkohl! Grünkohl mit Kochwurst und Röstkartoffeln. Nach ein paar Gabeln fange ich oft an zu summen, weil es mir so gut schmeckt. Wenn ich in Gesellschaft bin, muss ich mich allerdings auf ein gelegentliches „Hmm, hmm, hmm!“ oder ein dezentes „Das schmeckt wirklich gut!“ beschränken.

Vor einigen Tagen saß ich allein mit meinem Grünkohl in der Küche. Während ich aß und summte, dachte ich: „Was bist du für ein großer und liebevoller Gott!“

Mir kam in den Sinn, wie Gott die Welt erschaffen hat:

Und Gott sprach: *Es lasse die Erde aufgehen Gras und Kraut* ... (1. Mose 1,11).

Was ist das für ein Gott, der Grünkohl erschafft?! Ein Gott, der sich denkt: „Jetzt erschaffe ich eine interessante Pflanze für ein deftiges Kohlgericht! Ich mache sie ein bisschen herbbitter, das wird was ganz Besonderes.“

Dieser Gott ist gut und kreativ!

Dabei bin ich mir durchaus bewusst, dass es Menschen gibt, die keinen Grünkohl mögen. Erst kürzlich meinte ein amerikanischer Gast: „Also, wenn ich mir das so anschaue ... Ich denke da an Kühe, und was da noch so im Gras rumliegt."

Aber wenn Sie keinen Grünkohl mögen, dann haben Sie vielleicht ähnliche Gedanken, wenn Sie Erdbeeren essen, Kirschen oder Spargel oder Schokolade, oder wenn Sie eine gute Tasse schaumig-süßen Cappuccino trinken.

Dankbarkeit ist etwas Wunderbares. Es macht glücklich, über die kleinen Dinge staunen zu können. W.J. Oehler sagt: „Die glücklichsten Menschen sind nicht die, die am meisten haben, sondern die, die am meisten danken können." Dabei ist Dankbarkeit keine Pflicht. Dankbarkeit ist selbst ein Geschenk. Wenn ich danke, hat die Freude Vorfahrt und meine Sorgen treten in den Hintergrund.

# Quellenverzeichnis

Bauer, Wolfgang: *Eine schöne Bescherung*, in (ders., Hrsg.): Die lachende Kanzel. Heitere und hintergründige Geschichten. Oncken 1996.

Feldkirch, Walter: *Der größte Wunsch*, in: Der Pastor und der Elefant … und andere heiter-besinnliche Geschichten von Walter Feldkirch. SCM R.Brockhaus 2003.
– *Wege der Erinnerung*, ebd.

Hanson Bourke, Dale: *Das Vermächtnis*, in (dies.): Tage voller Wunder. Kleine Geschichten von großen Momenten mit meinen Kindern. SCM R.Brockhaus 2000.

Johnson, Barbara: *Regenbogengarten*, in: Clairmont, Patsy / Johnson, Barbara / Meberg, Marilyn/ Swindoll, Luci: Freudensprünge. 90 geistliche Impulse für Frauen. Oncken 2000.

Manning, Brennan: *Hab Vertrauen!*, in: Tegge, Friederike (Hrsg.): Land in Sicht. Gedanken der Stille – mit Bildern deutscher Inseln und Küsten. SCM Collection 2007.

Meberg, Marilyn: *Eine göttliche Medizin*, in: Clairmont, Patsy / Johnson, Barbara / Meberg, Marilyn / Swindoll, Luci: Freudensprünge. 90 geistliche Impulse für Frauen. Oncken 2000.
– *Zehntausend Schmetterlinge – oder mehr*, ebd.

Merckel-Braun, Martina: *Das „Zauberbuch" in der Vitrine*, in (dies.): Tag für Tag an deiner Hand. Geschichten für 365 und einen Tag. SCM R.Brockhaus 2005.
– *Unendlich wertvoll!*, ebd.
– *Ungebrochene Lebenskraft ...*, ebd.
– *Der Birnenkern*, ebd.
– *Unerwartete Wendung*, ebd.

Schmid, Wieland: *Im Goldregen*, in (ders.): Holundertage. Geschichten durch das Jahr. SCM R.Brockhaus 2008.

Swindoll, Luci: *Eine unerwartete Ermutigung*, in: Clairmont, Patsy / Johnson, Barbara / Meberg, Marilyn / Swindoll, Luci: Freudensprünge. 90 geistliche Impulse für Frauen. Oncken 2000.
– *Gottes kreative Ideen*, ebd.

Tegge, Friederike: *Wenn ich danke, hat die Freude Vorfahrt*, in (dies.): Cappuccino-Duft für die Seele. SCM Collection 2007.

Van Haaften, Noor: *Jahreszeiten des Lebens*, in (dies.): Geschichten für zwischendurch. SCM R.Brockhaus 2008.

– *Singend ins Krankenhaus*, in (dies.): Neue Geschichten für zwischendurch. SCM R.Brockhaus 2008.

Vering, Jan: *Der Teppichhändler*, in (ders.): Ein Lesebuch. Oncken 1988.

Werth, Jürgen: *Auf dem Abstellgleis*, in (ders.): Für meinen Tag. 88 Starthilfen. SCM R.Brockhaus 1997.

– *Begegnung der göttlichen Art*, in (ders.): Leise Töne gegen den Lärm. Geschichten über Gott und seine Welt. SCM R.Brockhaus 2007.

– *In Jeans unter Fräcken*, ebd.

– *Arme Leute, reiche Leute*, ebd.

Yaconelli, Mike: *Auserwählt*, in (ders.): Gott liebt Chaoten. Warum wir nicht ständig besser werden müssen. SCM R.Brockhaus 2004.